Frank Neuland

Albtraum Deutschland

Eine Wut-Streitschrift

Dieses Buch widme ich meinen
Töchtern Susanne und Melanie
und der Freiheit.

Frank Neuland

Albtraum Deutschland

Eine Wut-Streitschrift

Bibliografische Information der Deutschen National-bibliothek:
Die Deutsche Nationalbibliothek verzeichnet diese Publikation in der Deutschen Nationalbibliografie; detaillierte bibliografische Daten sind im Internet über http://dnb.dnb.de abrufbar.

Bildnachweis: Canva

Herstellung und Verlag: BoD – Books on Demand, Norderstedt

ISBN: 9783739204123

Inhalt

Vorwort 7

Der Auslöser 11

Politik und politisches Handeln, Staat 23

Petitionen 53

Medien 55

Finanzindustrie / Finanzmafia 63

Konzerne, Arbeitnehmer, Gewerkschaften . 83

Steuern, Abgaben, Gebühren, und so

weiter… 91

Asylsuchende, Flüchtlinge 99

Medizinwirtschaft, Pharmaproduzenten ... 109

Sonstiges 115

Zusammenfassung 119

WIR MÜSSEN…! MÜSSEN WIR? 123

Vorwort

Ich bin ein ganz normaler Bürger reiferen Alters. Weder gehöre ich einer Partei noch einer sonstigen gruppenspezifischen Verbindung an. Ich bin somit in meinen Gedanken insoweit frei, dass es mir möglich war, weitestgehend unabhängig meine eigene und nicht fremdbeeinflusste Sichtweise und Erkenntnis zu gesellschaftlichen Themen zu entwickeln. Zudem bin ich generell friedfertig und nicht streitsüchtig. Zunehmend sehe ich mich jedoch angesichts dessen, was mir speziell vom Staat und seinen Schergen ebenso wie von vielen meiner Mitmenschen an Denk- und Handlungsverboten zugemutet wird dazu aufgerufen, Krach zu schlagen. Dem Streit nicht aus dem Weg zu gehen. Der Einstieg in dieses Verhalten bildet diese Streitschrift.

Ich habe auch ganz banale, eigentlich egoistische Gründe vorzuweisen. Ich will in der Arena des Lebens nicht der regelmäßig zum Gaudium und der Blutgierigkeit des Publikums vorgeführte, und schließlich doch zum Tod verurteilte Stier sein, sondern koche mein eigenes Süppchen. Das heißt, ich will nicht krank sein oder werden, weil ich den mir vorgesetzten geistigen Kot in jeder

Hinsicht gehorsam aufnehme. Schauen wir uns doch nur mal an, wie die sogenannten „Zivilisationskrankheiten" förmlich explodieren.

Herz- und Kreislaufkrankheiten, Krebs, Alzheimer, Diabetes, Rheuma, Multiple Sklerose, Parkinson, Allergien, und so weiter. Wie kann das sein, wo uns doch angeblich hervorragende Arzneimittel zur Verfügung stehen, und die Medizin über phantastische technische Geräte zur Früherkennung und Überwachung verfügt? Hier ist doch überdeutlich zu erkennen, dass lediglich an den Symptomen gepfuscht wird, die Ursachen hingegen bleiben bestehen, und verschärfen sich sogar unaufhörlich. So kann man nicht gesund bleiben.

Der Mensch lebt nicht seiner Art gemäß, weil er inzwischen fremdbestimmt ist.

Ich bin auch nicht auf dieser Welt, um als Sklave oder Zombie jeden Tag Pflichten zu absolvieren. Wie die Pflicht zu arbeiten und zu konsumieren, kurz gesagt, um nur für eine kleine Oberschicht deren Reichtum bis ins Unendliche zu vermehren. Und unsere Kultur geht dabei vor die Hunde (Entschuldigung, liebe Hunde).

Eine Aufklärung bezüglich des Titels möchte ich dem Leser noch geben.

Wie jeder Mensch habe ich zunächst fünf Sinne.
Ich habe Augen zum Sehen, zur visuellen Wahrnehmung.
Ich habe Ohren zum Hören, zur auditiven Wahrnehmung.
Ich habe eine Nase zum Riechen, zur olfaktorischen Wahrnehmung.
Ich habe eine Zunge zum Schmecken, zur gustatorischen Wahrnehmung.
Ich habe eine Haut zum Fühlen, zur taktilen Wahrnehmung.

Zu diesen bekannten Sinnesorganen hat mein präfrontaler Cortex als 6. Sinn die Wut hinzugefügt. Die Wut über die elenden Zustände in Politik, Wirtschaft und Gesellschaft in dieser merkwürdigen Bundesrepublik Deutschland, die sich zunehmend als Albtraum erweist.

Es blieb mir gar nichts anderes übrig als diese Wut in eine Streitschrift münden zu lassen. Die Wut hat sich aus dem zunehmenden Unbehagen über das tägliche Leben und Erleben heraus entwickelt. War ich früher noch verdrießlich ob der steigenden Zumutungen, so steigerte sich mein empörtes Empfinden in den letzten Jahren stetig. Letzter Anlass, an dem alles in Wut umschlug, war nun die sogenannte Gipfelkonferenz in El-mau bei Garmisch-Partenkirchen im Juni 2015.

Es hilft nichts – kritisches Hinschauen und den Mund aufmachen ist angesagt. Soll die wertvolle Aufbauarbeit der Nachkriegsgeneration zum Teufel gehen, umsonst gewesen sein? Sollen ver-brecherischen Methoden das Leben noch stärker unterdrücken? Lieber Leser, das kann und darf nicht sein. Doch wer kann es verhindern? Das ist doch keine ernsthafte Frage: WIR sind es, die diesem bösen Treiben ein Ende setzen müssen!

Der Auslöser

Heute ist der 4. Juni 2015. Es ist gegen dreizehn Uhr dreißig. Das Thermometer zeigt aktuell 27 Grad Celsius an. Ich denke, es werden wohl heute noch 30 Grad erreicht werden. Der Himmel ist herrlich bayerisch-blau. Mit meinem Fahrrad bin ich, von einer angenehmen leichten Brise begleitet, auf dem Weg in die Münchner City unterwegs. Genauer gesagt zum Stachus. Offiziell heißt der Platz ja Karlsplatz; er ist einer der verkehrsreichsten in der bayerischen Landeshauptstadt. Ich überlege, mit der U-Bahn dorthin zu fahren. Oder gleich mit dem Auto. Doch dann lasse ich es schön bleiben, denn ich weiß nicht, was mich erwartet. Warum, was soll mich denn erwarten fragen Sie sich?

Nun, heute ist immerhin eine Demonstration angesagt. Anlass ist das bevorstehende Treffen der ReGIERungsversager der angeblich sieben wichtigsten Industriestaaten der Erde am kommenden Wochenende im schönen, bisher nicht beschmutzten Werdenfelser Land. In Elmau bei Garmisch-Partenkirchen. Die Demonstranten in München wollen im Vorfeld den Politschmarotzern ihrer Abneigung gegen das geplante, versklavende Freihandelsabkommen mit den USA, TTIP genannt, lautstark Ausdruck verleihen. Aus diesem Grund ist beim System Panik angesagt. Schon weit vor dem eigentlichen Demo-Bereich sind die Zufahrtsstraßen abgeriegelt. Die Autofahrer meiden heute diese Ecke der Stadt. Eigentlich will ich mein Rad bereits am Sendlinger-Tor-Platz abstellen, und den kurzen Weg bis zum Stachus entlang der Sonnenstraße gehen. Das gibt mir Gelegenheit, dann beim Rückweg die ausgestellten Foto- und Videoschmankerl in den Schaufenstern eines großen Münchner Fotofachgeschäfts zu betrachten. Fotografieren ist eines meiner wenigen Hobbys. Doch dann entschließe ich mich, soweit es möglich ist, weiter in Richtung Stachus zu fahren. In einer Seitenstraße unmittelbar am Stachus entdecke ich einen noch freien Platz an einem Lichtmast, an dem ich mein Stahlross parke und festmache. Es ist jetzt kurz vor vierzehn Uhr, und der Platz ist bereits gutgefüllt. Nachdem ich mich durch eine in den Arkaden, die das Halbrund des Stachus säumen, stehende Menschenmenge gedrängt habe, finde ich auf der Sonnenseite des Platzes in der Schaufenstereinbuchtung eines Ladengeschäfts einen geschützten Stehplatz, der mir den Rücken frei hält. Doch schon nach kurzer Zeit wird mir klar, weshalb sich die meisten Besucher innerhalb der schattigen Torarkaden aufhalten. Aber das ist mir jetzt egal. Ich habe einen guten Platz gefunden, der mir einen ausgezeichneten Überblick über das Geschehen bietet. Da nehme ich den Nachteil des Schwitzens eben in Kauf. Das muss ich aushalten. Ich beobachte die vorbei gehenden Leute, und unterziehe sie einer eingehenden Betrachtung. Das erzeugt bei mir ein starkes Aha-Erlebnis. Sollte ich mit der Vorstellung gekommen sein, jede Menge junger Menschen zu erleben, die auf Randale gepolt sind, so ergibt die Realität ein total anderes Bild. Von der jungen Familie mit Kleinkind im Buggy bis hin zu Frauen und Männern jeden Alters ist eine Schicht Menschen vertreten, die sich anscheinend verantwortlich fühlt. Verantwortung für sich und andere Menschen übernimmt, und Widerstand leistet gegen dieses lausige, korrupte Komplott der Mächtigen im Gleichschritt mit den Konzernen, welchem die Menschheit immer stärker unterworfen werden soll.

Nachdem einige Sprecher aufgetreten sind, setzt sich der Demo-Zug in Bewegung. Mir läuft der Schweiß inzwischen in Strömen den Rücken hinab. Ich muss mir dringend einen Platz im Schatten suchen. Am besten ist es wohl, auf die andere Seite des Platzes zu wechseln. Rüber in den Schutz des Kaufhauses auf der gegenüber liegenden Seite des Stachus. Ja, das ist die richtige Entscheidung. Von dort aus kann ich den Marsch am Gehsteigrand stehend verfolgen. Eigentlich will ich mitgehen. Doch als ich feststelle, wie langsam sich die Protestdemonstration in der brütenden Hitze vorwärts bewegt, bleibe ich, wo ich bin. Dafür unterstütze ich die Teilnehmer zumindest mit lautstarken Beifallsbekundungen.

Nur kurze Zeit stehe ich auf meinem neu gewählten Platz, als ich durch einen kurzen Blick seitwärts den für den Polizeieinsatz zuständigen Polizeivizepräsidenten Kopp mit seinem Stab stehen sehe. Dier Herren sind sichtbar guter Laune. Betrachten sie die Angelegenheit als Happening? Ich stelle noch etwas anderes, beunruhigendes fest. Hinter uns hat sich unbemerkt eine Mauer aus schwarzgewandeten Polizeisoldaten aufgebaut. In düsterer, bedrohlicher Manier. Als Schutz für die Polizeiführung? Vermutlich auch. Aber weit mehr ist es ein deutliches Zeichen für uns Bürger: Wagt ja nicht, über die Stränge zu schlagen. Solltet ihr den von uns, der Staatsmacht, euch zugestandenen engen Rahmen für eure Unmutsäußerungen überschreiten, dann werden wir euch mit dem Schlagstock oder einem noch massiveren Übel zeigen, wo euer Platz ist.

Ja, heute am 5. Juni verbreitet die Mainstream-Presse die frohe Botschaft der das Volk mit Wonne verratenden Kanzlerin. Das ist eben lebendige Demokratie, bunt und lustig muss die Münchner Gaudi gewesen sein. Ein Bürgerfest halt. Wahrscheinlich hat sich die „mächtigste Frau der Welt", halt, nein: des Universums, im kleinen, gepflegten Kreis über die Deppen dort unten in München, und deren lächerliche Krawallveranstaltung köstlich amüsiert. Auf alle Fälle kann sie ihrem Herrn und Gebieter, dem US-amerikanischen Friedensnobelpreis-Imperator beim Gipfeltreffen im besetzten Land devot berichten, dass zumindest vorläufig alles im Sinne der Weltverbrecher weiter läuft. Um dem tumben Volk auf subtile Art und Weise ihre ganze Verachtung zu zeigen, wird um des Vergnügens einiger Politgangster willen eine gnadenlose Verschwendungsorgie zelebriert. Bedenkenlos, schamlos und maßlos werden Hunderte von Millionen Euro verbrannt, werden Polizisten missbraucht, um diese Politbande zu schützen.

Geld, das die ReGIERung zuvor dem arbeitsamen Bürger abgepresst hat. Was interessiert das schon die Gierigen, wenn andererseits immer mehr Menschen in die Sozialhilfefalle geraten. Das ist doch deren Problem. Doch halt, es gibt hier doch einen großen Vorteil für die Machthaber. Es kommt ihnen doch nur entgegen, wenn dieser Zustand sich verschärft. Je mehr Menschen von den ihnen gewährten Brosamen abhängig sind, desto besser, weil sie diese Bürger dann an der Kette führen können, und es diesen mächtig schwer fällt, sich zu wehren.

Ein Wort zu unserem hochwohllöblichen, durchtriebenen Herrn Ministerpräsidenten Horst Seehofer. Die blöde Berliner ReGIERungsmeute ließ ihn in „seinem" eigenen Land anlässlich des Treffens in Elmau nicht mitspielen. Es blieb ihm nichts anderes übrig, als neben der Air Force One mit einem Fuß auf dem ausgerollten roten Teppich Männchen zu machen und dem Weltenkrieger ein verschämtes „All the best!" zuzuflüstern. Wie lieb. Wiiieeehahaha…Deutlich ist zu erkennen, dass speziell die Politiker der C-Parteien unisono erbärmliche Vasallen der US-amerikanischen ReGIERungsmaschinerie sind. Wir als Volk haben durch die Schuld unserer

Politiker unsere Identität so gut wie verloren, sind zum Spielball fremder Ideologie gemacht worden. Unsere Recht und Gesetz verlachende ReGIERung schützt die Bürger nicht wie geschworen, sondern liefert uns immer stärker fremden Interessen aus. Inzwischen muss man mit dem genauen Gegenteil dessen rechnen, was die Politiker verlogen von sich geben. Besonders verschlagen in der Verschleierung seiner Handlungen ist zweifelslos Horst Seehofer. FJS, also Franz Josef Strauß mochte ich auch nicht sonderlich. Doch eins halte ich ihm im Gegensatz zu Seehofer zugute: Er führte ein offenes, kraftvolles Wort, und beugte sich nicht dem Mainstream.

Zutreffend insbesondere für die Zunft der Politiker heißt es doch treffend, hast du einen besten Freund, so brauchst du keinen Feind. Das trifft vor allem auf die US-amerikanische ReGIERung zu. Und da sind wir beim Thema Ausschnüffeln, Spionage, egal um welchen Bereich es sich handelt. Am meisten ärgert mich in diesem Zusammenhang, dass laut eigener Aussagen weder die Berliner noch die Münchner ReGIERung von der seit Jahrzehnten durch die US-amerikanischen Geheimdienste penetrant vorgenommenen Überwachungspraxis wussten. Obwohl dies sogar unter den Augen und mit tätiger Mitwirkung des deutschen Geheimdienstes BND geschah, der direkt dem Kanzleramt untersteht. Das Märchen von Nixwissen und totaler Überraschung erzählt man mit unschuldigem Augenaufschlag frech den Volks-Idioten bis zum Erbrechen. Was, zum Teufel, ist das für eine ReGIERungsbande, die sich so harmlos und naiv präsentiert? Es kann sich hier nur um feige, verlogene Heuchler handeln!

Niemand braucht diesen absurden Gipfelquatsch, die regierungsseitige unnötige Protzerei. Schon gar nicht erforderlich ist dies, wenn man sich die heutigen technischen Kommunikationsmöglichkeiten ansieht. Wenn die Damen und Herren Politschwarten unbedingt unser Geld ausgeben wollen, dann sollten sie es zur Linderung des unendlichen Leids so vieler Kinder auf dieser Welt tun. Aber nein, diese Last wird wie üblich dem Steuertrottel zusätzlich aufgebürdet.

Bei mir hat das in vielen Jahren Erlebte und Gesehene eine grundsätzlich andere Sichtweise bezüglich den bei uns in der „BRD" vorherrschenden Problemen geführt. Es hat sich so viel Ärger in mir angesammelt, dass ich ihn mit diesem Traktat hinausschreien muss. Auslöser war letztendlich die Party der Gipfelschmarotzer. Wer oder was hat das gesellschaftliche Leben insbesondere seit den 1990er Jahren so negativ werden lassen? Wo ist die Ursache zu finden? Die Quelle ist relativ leicht auszumachen. Es ist die gierige, verkommene und korrupte Politbagage in all ihren Ausformungen. Die von ihr ausgehenden, die Menschenwürde immer mehr verachtende, in Gesetzesform gegossenen Fehlentwicklungen, Einschränkungen der persönlichen Freiheit und all die unsäglichen weiteren Bösartigkeiten, setzen die Qualität meines Lebens und das des gesamten Volkes zunehmend herab. Eine Ausnahme bildet die mit den Politzecken in derselben luxuriös ausgestatteten Yacht im Warmen und Trockenen sitzenden verbrecherischen Finanzindustrie und der Konzerne, egal in welchem Bereich diese tätig sind. Nehmen wir doch nur einmal die staatliche, parteien- und regierungsgelenkte Bespitzelung und Überwachungspraxis. Bürger werden mit einem Federstrich generell zu Kriminellen in spe erklärt, die ihre Unschuld gegenüber dem Staat und seinen Handlangern zu beweisen haben. Die Justiz und die Medien machen sich zu allem Überfluss zu willfährigen

Bütteln des Systems; sie hetzen die Bürger gegeneinander auf, und zerstören so das sensible Gleichgewicht in unserer Gesellschaft mit ihrem Tun.

Immer öfter wird das Bild bemüht, was wir eines Tages unseren Kindern sagen werden, warum wir ihnen einen solchen Saustall hinterlassen. Wie wollen wir das rechtfertigen? Das können wir nicht! Es sei denn, wir räumen gründlich auf! Jetzt! Ich habe zwei Töchter. Ich bin wütend, wenn ich zuschauen muss, in welchem Ausmaß sie bereits jetzt in ihren Lebensäußerungen beeinträchtigt sind. Meine Kinder sind bereits erwachsen. Nun könnte ich es mir leicht machen, indem ich sie auffordere, kritischer hinzuschauen und erforderlichenfalls nicht nur den Politikern auf ihre krallenartigen Finger zu schlagen. Aber so einfach ist die Chose nicht, denn ich und meine Generation haben die desaströse Entwicklung zugelassen. Wir stecken bis zum Hals in der Verantwortung. Deshalb kann und will ich das nicht einfach hinnehmen. Ich will mich nicht wie die drei Affen benehmen: Nichts sehen, nichts sagen, nichts hören. Deshalb rufe ich meine Leser auf: Wehrt euch! Lasst euch nichts mehr gefallen. Beharrt stur und unerbittlich auf eurem Menschenrecht. So unerbittlich, wie sich die Gegenseite euch gegenüber verhält. Tut es solange, bis sich die Verhältnisse zum Besseren wenden. Was nützt uns der ganze angebliche „Fortschritt", wenn dieser sich überwiegend gegen uns richtet. Verflucht noch mal, hier muss richtig ausgemistet und sauber gemacht werden.

Damit bin ich beim entscheidenden Thema meiner Streitschrift. Politisches Handeln und politische Entscheidungen greifen nun mal unübersehbar in unser aller Leben ein. Wenn ich mich Tag für Tag, Woche für Woche, Monat für Monat und Jahr für Jahr gegen den allgegenwärtigen Versuch der Konditionierung und Demütigung durch den Staat und seine immer zu Schandtaten und Unterdrückung bereiten Kumpane zur Wehr setzen muss, vergeht mir doch die Lust am Leben. Der Ausweg oder die Alternative ist für viele Bürger die Droge. Sei es, dass er sich jeden Abend mit der Volksdroge Alkohol voll dröhnt, oder andere harte und weiche Drogen konsumiert, um das alles auszuhalten. Aber laut der Frau mit den hässlichen Hosenanzügen ist wahrscheinlich auch das alles alternativlos. Ein lässiger Ausweg, cool. Nein, Leute, das kann es ganz und gar nicht sein. Das heißt doch, den Sinn unserer eh so kurzen Lebensspanne auf diesem Planeten ins Gegenteil zu verkehren, und unser Dasein vollkommen unnötig extrem zu belasten. Ich jedenfalls mache bei diesem Spiel, bei dem ich nur verlieren kann, nicht mit.

Zudem zerstört das entwürdigende Verlangen, politisch korrekt den Mund zu halten, alles was vorgegeben wird nachzuplappern, wegzuschauen, zu kuschen und offensichtliches Unrecht in fast jedem Bereich klaglos hinzunehmen jegliches Anstandsdenken; es zieht die Gesellschaft in den Dreck!

Politik und politisches Handeln, Staat

Meine grundsätzliche Aussage hierzu lautet: ICH GLAUBE DENEN REIN GAR NICHTS MEHR! Kein Wort, das jede beliebige, schleimige Politfratze von sich gibt, ist wahr. Es herrschen nur Lügen, Manipulation und Betrug vor. Den Versuch, insbesondere mit den manipulativen Mitteln der politischen Korrektheit mir kranke Glaubenssätze aufzuoktroyieren, habe ich gründlich satt. Es hängt mir zum Hals heraus, dass mir Leute, die in der ReGIERung oder für sie tätig sind, Behördenmitarbeiter oder sonstige Ideologen und Sektierer vorschreiben wollen, was ich zu sagen, zu tun oder zu lassen habe. Oder anders gesagt: Mein Leben nach ihren Vorstellungen für mich leben wollen. Mir damit täglich mehr meine vom Umfang und Ausmaß her eh bescheidene Freiheit immer weiter beschneiden wollen.

Ich will leben, wie ich es möchte. Wie es gut für mich ist. Wie ich es für richtig halte. Ohne dass ich damit sagen will, dass ich die persönliche Freiheit des Anderen beeinträchtigen will. Ich will nur nicht lediglich ein nach Lust und Laune zu beraubender Steuerzahler, ein permanent zu betrügender Verbraucher, ein um seine Eigentumsrechte gebrachter hilfloser Kreditsklave, ein unmündiger, von oben herab behandelter Patient, ein was weiß ich noch alles sein. Ich bin ein Mensch! Fickt euch alle selbst, die ihr mir das absprechen wollt. Von diesem inzwischen in der BRD installierten widerlichen sozialistischen Truggebilde, das sich Staat nennt, wird der Bürger – nein, inzwischen sind wir nur noch geduldete Bewohner und beliebige Verfügungsmasse, vorne und hinten, oben und unten bedroht, genötigt, erpresst, gegängelt und zu allem Überfluss willkürlich selbst für Nichtigkeiten bestraft. Ja, hallo, wer sind wir denn? Wie lange wollen wir uns diese unwürdige, menschenverachtende Behandlung noch gefallen lassen? Es ist schon richtig: Die wahren Terroristen sind die Politiker.

Klare, saubere Vereinbarungen will die Politik nicht, sondern nur noch den matschig-faulen Kompromiss, der zum Himmel stinkt. Ein Kompromiss ist immer das Ergebnis aus feigem, verantwortungslosem Handeln. Warum muss ein Kompromiss gemacht werden? Ich sehe das überhaupt nicht ein. Entweder warm oder kalt.

Nicht lauwarm. Doch es gibt einen gewichtigen Grund, weshalb der gemeine Politiker den Kompromiss schätzt. Weil er ihn dem dummen Bürger als Erfolg verkaufen, und ihn damit still halten kann. Würde hingegen allerdings der Bürger seinen Verstand benutzen, und feststellen, dass der gemachte Kompromiss für ihn regelmäßig üble Folgen zeitigt, würde er ihn dem Politiker um die Ohren hauen.

Ich liebe Deutschland. Es könnte ein prachtvolles Land sein. Schauen wir uns seine vielfältigen Landschaften, seine reizvollen Dörfer und Städte an. Seine ursprünglichen Menschen mit ihren originellen Dialekten. Menschen, die ein wahres Kulturkleinod geschaffen haben. Deutsche Menschen, ungeheuer fleißig und erfinderisch. Kunst und Technik im Einklang. Besonders stehe ich zu meinem Bayern. Hier bin ich geboren. Später habe ich meine Nase in den Wind gehalten, und den Geruch fremder Länder und Menschen kennen gelernt. Ich habe gute Zeiten erlebt, aber auch massive Niederschläge verkraften müssen. Das aber gehört zum Leben.

Für das korrupte Konstrukt namens Bundesrepublik Deutschland allerdings bringe ich nur

Verachtung auf. Ja, ich weiß, dieses Konstrukt wurde uns von den Siegermächten nach dem zweiten Weltkrieg auferlegt. Was deutsche Politiker jedoch hätten tun müssen, das ist, sich nicht wie Memmen zu benehmen, sondern sich kraftvoll aus dieser gefährlichen Umschlingung zu lösen. Zeit genug hatten sie allemal. Aber es ist ja viel bequemer zu sagen, dass es halt nicht möglich war. In welcher Form wurden sie korrumpiert, damit sie das deutsche Volk verraten haben?

Wie lange wollen wir noch US-amerikanische Atomwaffen auf deutschem Boden dulden? Und Drohnen, die unschuldige Menschen ermorden, von Ramstein aus steuern lassen?

Heute teile ich mein Leben auf in die Zeit, während der ich so dumm war, das Meiste zu glauben, was diese Verbrecherclique absonderte, und die Zeit danach, seit ich aufgewacht bin. Mit der sogenannten „Wiedervereinigung" mit dem ostdeutschen Teil des deutschen Volkes haben die politischen Kader einen vergifteten Zustand herbeigeführt. Eine geistige Vergiftung, an der wir zunehmend laborieren. Feiglinge und Volksverräter an der Spitze bestimmen die einzuschlagende Richtung, und fügen unserer Zukunft gewaltigen Schaden zu. Die Verbreitung blühenden Unsinns (siehe Kohl mit seinen blühenden Landschaften oder aktuell ein gewisser Ramelow bezüglich der Schuldenrückzahlung Griechenlands) wird gepflegt. Leider kann Kohl der Größenwahnsinnige wegen seines körperlichen und wahrscheinlich auch geistigen Zustands nicht mehr zur Verantwortung herangezogen werden. Denn er und seine Überheblichkeit von eigenen Gnaden, der Franzose Mitterand haben grundsätzlich Schuld an dem EU-Desaster. Diese Suppe müssen jetzt die Bürger Deutschlands auslöffeln.

Von der EU zu einem der "blühendsten" Mitgliedsländer ist es nur ein kurzer Weg. Ich spreche von Griechenland. Wiege der Demokratie und der Korruption. Ein schönes Urlaubsdomizil. Menschen mit besonderer Mentalität. Vor allem betrifft das die Oberschicht. In dieser Hinsicht erweist sich der ach so sakrosankte deutsche Rollstuhlfahrer als herausragend verschlagenes Mitglied der Politbetrüger-Kaste. Die von ihm derzeit abgezogene Show mit dem Titel „Gift und Galle spucken" ist einfach nur widerlich und verlogen. Da tut er so, als würde ihm das Wohl unserer Steuerzahler am Herzen liegen, und behauptet aalglatt, er würde und müsse einen harten Kurs hinsichtlich der Rückzahlung griechischer Schuldenberge fahren. Kikeriiikiii...

Ja, was war denn davor? Wer hat denn den Griechen, und damit ist weniger das griechische Volk gemeint, sondern vielmehr deren Banken und Versicherungen sowie die kleine, immens reiche Schicht griechischer, keine Steuern zahlenden, Wirtschaftsgangster die Milliarden regelrecht in den Rachen geworfen? Nein, nein, der feine Herr, der auch mal 100000 Mark in der Schreibtischschublade „vergisst" war das bestimmt nicht. Auch nicht in Verbindung mit seinen EU-Spießgesellen war das möglich. Er, der an der Quelle sitzt, bei dem alle Informationen zusammenlaufen, behauptet nun dreist, von nichts gewusst zu haben. Nichts von den Zahlen-Betrügereien der griechischen ReGIERung seinerzeit, als es um die Aufnahme Griechenlands in diese verfluchte Europäische Union ging. Und sonstigen Unregelmäßigkeiten durch andauernde Vertragsbrüche. Milliarde um Milliarde floss in die unergründlich tiefen Taschen unserer südländischen Freunde, die die milden Gaben mit hämischem Grinsen nur zu gerne angenommen haben. Wieviel Bakschisch ist dabei wohl an wen gezahlt worden? Durch Herrn Sch….. derzeit verbreitete Story kann er dem anscheinend dem ausgelaugten Bürger weismachen, nicht jedoch seinem Pferd, denn das würde ihm einen brutalen Tritt in seine Leibesmitte verpassen. Alles deutet darauf hin, dass er verursachte Schuld von sich weisen und sich von dem eingeschlagenen politischen Weg distanzieren will. Zu spät!

In diesem Zusammenhang ist mit dem Stinkefinger auf einen weiteren Spezi zu zeigen, nämlich auf den mit den geilen, schwarzen Augenbrauen. Dieser Tage hatte dieser eitle Politheini einen kleinen Auftritt in irgendeiner dieser unsäglichen „Experten-Talkshows". Mann, hat der sich dort aufgeblasen. Natürlich wusste auch er von nichts, war an nichts verantwortlich beteiligt, und schon gar nicht an keiner Pleite nicht schuld (doppelte Verneinung ist eine bayerische Spezialität). Seinem beleidigt-dreist-aggressiven Tonfall war anzuhören, wie ihn diejenigen nervten, welche ihn in die verbale Zange nahmen, anstatt den ihm gebührenden Kotau zu machen. Der Tag allerdings, an dem ein Politiker eingesteht, Scheiße gebaut zu haben mit seinem „Wirken", müsste als dreifaches Weltwunder in die Annalen der Geschichte eingehen.

Der einzige, der sich still verhält, obwohl auch er an der Ausbreitung der Metastasen-EU an vorderster Front beteiligt war, ist Genscher. Hat er womöglich im Alter Reife und Einsicht erlangt, was er und die gesamte EU-Gaunertruppe nicht nur in Deutschland mit diesem EU-Wahn eigentlich angerichtet haben? Die Nummer eins in diesem Foul-Spiel ist und bleibt jedoch Schäuble, Merkels teuflischer Vollstrecker. Diese „Experten"-Brut hat uns hirnlos in ein unbeschreibliches Chaos gezwungen und verstrickt, welches uns finanziell auf alle Fälle das Genick brechen wird.

An dieser Stelle halte ich es für angebracht, einige Bemerkungen zu Europa und zur EU zu machen. Europa und die Europäische Union sind zwei Paar Stiefel. Ich habe mich nicht nur immer als Deutscher/Bayer gefühlt, sondern es war für mich selbstverständlich, gleichzeitig ein Europäer zu sein. Trotz damaliger Grenzen. Europa besteht aus einer Reihe von Nationalstaaten mit Völkern unterschiedlicher Mentalität und Kultur. Eine von Natur aus interessante Mischung verschiedener Menschen mit ihren Eigenheiten, die weitgehende Freiheit leben durften. Eine ungemein reizvolle Konstellation war das. Ein Kontinent voller Gegensätze, der auch manche kriegerische Auseinandersetzung zu bewältigen hatte. Um die bösen, ewig kriegslüsternen Deutschen endlich klein zu bekommen, wurde die Europäische Union erfunden. Ein bösartiges Krebsgeschwür, um die Menschen im großen Stil krank zu machen, zu unterjochen, sie auszuplündern. Zum unersättlichen Wohl einer kleinen Schicht überheblicher, sich göttlich dünkender Menschen, die letztendlich nicht anders denken und handeln wie einst die Führer Hitler und Stalin. Die den Menschen allgemein und schlechthin als ihr Eigentum betrachten, über das sie rücksichtslos verfügen können.

Die EU in ihrem derzeitigen Zustand ist nichts anderes als die seinerzeitige S-U, die Sowjet-Union. Lediglich die Verpackung ist nicht mehr rot, sondern blau. Ebenso wie damals die SU den Ost-Völkern wurde die EU den europäischen Völkern hemmungslos übergestülpt. Sie versklavt die Menschen ebenso, wie es die Sowjet-Union tat. Erklärtes Ziel ist es, die Nationalstaaten dem Erdboden gleichzumachen, und damit gleichzeitig die Identität der einzelnen Völker auszulöschen. Ein menschlicher Einheitsbrei soll entstehen, den einige wenige Auserwählte nach Belieben steuern und dirigieren können. Und ist in dieser EU erst einmal die Fiskal-, Haftungs- und Transfer-Union verwirklicht, hat die Souveränität des einzelnen Staates ein erbärmliches Ende gefunden. Friede seiner Asche. Aber, werden manche nun einwenden. Dafür brauchen wir jetzt unser Geld beim Urlaub in Europa nicht mehr in eine Fremdwährung zu tauschen. Wir können überall mit dem Euro bezahlen. Ich bin entzückt – welch gewaltiger, durch nichts zu toppender Vorteil ist das doch.

Die politisch agierenden Schmarotzer betreiben einen großen Tingeltangel. In diesem wird das Volk vorgeführt. Zuckerbrot und Peitsche sind die Mittel der Dressur. Das Volk in weiten Teilen spielt mit Freuden mit, staunt und grölt begeistert, wie prächtig das eigentlich durchsichtige Falschspiel doch ist.

Das Thema Griechenland will ich nur noch kurz behandeln, denn sonnenklar ist, dass die hingegebene deutsche Kohle verbrannt ist. Das hat sie so an sich, wenn man sie ins Feuer wirft. Es wird keinen einzigen Euro geben, der von Griechenland (und von weiteren Konsorten) an die BRD zurückgezahlt wird. Im Gegenteil, das Fass ist nach wir vor nach unten offen; es verlangt vielmehr nach unaufhörlichem Nachschütten. Zwischendurch wird es ein paar Tricks geben; die Obergangster der EZB wissen schon, wie man das steuert. Die griechische Politmafia wird unter großem medialem Geschrei eine Rückzahlung leisten, die hinten rum, den Augen der Öffentlichkeit verborgen bleibend, postwendend wieder zurück fließt. Außerdem sind weder die BRD noch die EU in der komfortablen Lage, die Rückzahlung zu erzwingen – wie sollte das möglich sein? Will die BRD im Verbund mit der EU und der Nato Krieg gegen Griechenland führen? Obwohl, Schäuble, Tante Uschi und der US-amerikanischen Nato-Kreatur Stoltenberg traue ich dieses Szenario schon zu. Die griechischen ReGIERungs-Schlitzohren wissen das alles, und führen ihre Gegner, nicht Partner (ja, Sie lesen richtig: Gegner!) wie Tanzbären vor.

Meine ultimative Frage in dieser Angelegenheit ist eine sehr einfache: Warum habt ihr politisch Verantwortlichen den Griechen (und anderen Mitgliedern des EU-Clans) seit vielen Jahren so viel Geld, das euch nicht gehörte, das ihr nur treuhänderisch verwenden durftet, förmlich in den unersättlichen Rachen geworfen? Mit diesem Vorgehen, man nennt es auch das in Kauf nehmen von Kollateralschäden, habt ihr euch schuldig gemacht. Aber euch ist das egal, ihr werdet eure diabolischen Machenschaften bis zum vernichtenden Crash weiter betreiben.

Eine altbekannte Geschichte:
Ein Mensch bekommt jeden Monat einen gewissen Betrag geschenkt. Plötzlich wird die Zahlung eingestellt. Was antwortet nun der bisher Beschenkte? Vielleicht das, dass er sich für die erhaltenen Leistungen bedankt und einsieht, dass es so nicht ewig weiter gehen konnte? Nein! Ich weiß, wie seine Antwort lauten wird. Du Schwein, wird er sagen, was fällt dir ein, die Zahlungen einzustellen. Ich habe mir schließlich dadurch, dass ich immer brav meine Hand aufgehalten habe, ein Anrecht auf deine Zahlungen an mich bis zum Sankt-Nimmerleins-Tag erworben. Du bist schuld, wenn ich nun in Schwierigkeiten gerate.

Nichts anderes als in dieser Geschichte geschieht derzeit mit Griechenland. Wartet nur ab, wie sich auch die anderen Schmarotzer verhalten werden, wenn sie nicht weiterhin finanziell gepampert werden. Üble Nazi-BRD, zahle gefälligst bis in alle Ewigkeit! So wird es heißen. Das wird einige Zeit hin- und hergehen – bis es das Monster Europäische Union hoffentlich in tausend Stücke zerreißt. Dann kann ich aufatmen.

Dem allem setzt die tranige Bundeskanzlerin mit ihren Dünnbrettbohrer-Phrasen gleich mehrere Kronen auf.

Harmonisierung.
Alternativlosigkeit.
Der Islam gehört zu Deutschland.
Scheitert der Euro, dann scheitert Europa.

Letzteres ist die größte Frechheit aus ihrem Munde. Europa braucht den Euro nicht. Es ist sehr gut mit den einzelnen Währungen zu Recht gekommen. Vor allem konnten die schwachen Währungen jederzeit abwerten. Aber diese verwerfliche EU braucht natürlich eine einheitliche Währung, um ihren Plan der Transferunion gegen alle Widerstände durchzusetzen.

Ihr Spruch „Der Islam gehört zu Deutschland" ist ausschließlich ihrer Stupidität geschuldet.

Einen Dreck gehört diese mörderische Ideologie zu Deutschland; vielleicht passt sie zur BRD, ja, diese Möglichkeit besteht. Aber letztlich kann und darf diese Ideologie, auch wenn sie Millionen hier lebender Menschen beherrscht, nur als deren Privatansicht geduldet sein. Dass sich der Staat dafür stark macht, ist ungeheuerlich. Das gilt im Übrigen genauso für alle anderen sektiererischen Ideologien.

Was ist diese Frau nur für ein Mensch, der beim politischen Handeln keine Alternativen sieht? Was heißt hier Harmonisierung? Was steckt dahinter? Gleichmacherei! Die Bürger gleich machen – nieder halten, damit sie problemlos verarscht werden können. Wie in der DDR. Diese Frau ist in diesem unserem Lande nicht verwurzelt, deshalb konnte sie sowohl in der DDR als auch in der BRD reüssieren. Und weil ihr und ihren Spießgesellen der bisherige Umfang an potentiellen EU- Opfern nicht reicht, sollen weitere „Armenhäuser" in die EU-Diktatur hereingeholt werden. Wohl u.a. auf Befehl unserer „besten" Freunde, der die Menschheit knechtenden US-amerikanischen ReGIERung. Ihre bedingungslose Hörigkeit und katastrophale Unterwürfigkeit dem großen Bruder jenseits des Atlantiks gegenüber ist erschütternd.

Ich kann ihr missmutiges Gesicht nicht mehr sehen. Ihre bunten Sakkos auch nicht mehr. Ist das etwa staatstragend, wenn sie mehr nuschelnd denn flüssig, lebendig und präsent spricht? Wenn ich es mir aber recht überlege, wird hier doch überdeutlich, dass ihr Bild auch das Bild des von ihr vertretenen Staates ist. Ja, schaut euch die „Bundeskanzlerin" und den von ihr in seinem zerrütteten Zustand verantworteten „Staat" genauer an, und ihr seht ein identisches Bild. Faltig, müde, verbraucht und voller Lebenslügen. Das sind sie beide, der Staat und seine Frontfrau.

Seit Merkel & Komplizen an der Macht sind, ist nicht nur das politische Leben freudlos geworden. Nachdem jedoch die Politik untrennbar zu unserem täglichen Leben gehört, stammt von daher diese in hohem Maße eingetretene Beeinträchtigung. Haben diese Frau und die von ihr geführte ReGIERung irgendwelche positiven Visionen, wie das Leben glücklicher gestaltet werden kann? NEIN. Und laut ihrer Aussage haben wir nicht mal einen beständigen Anspruch auf Demokratie und Wahrheit. Dass dieser Anspruch auch tatsächlich nicht verwirklicht werden kann, dafür sorgt sie nach Kräften. Ich sehe nur, dass sie die Verwirklichung der sozialistischen EU-Diktatur verbissen und rücksichtslos vorantreibt. Unter Verwendung des dem Steuerzahler abgepressten Geldes oder mittels des Verkaufs betrügerischer Anleihen durch den Staat in einträchtiger Kumpanei mit der Europäischen Zentralbank. Alles, was sie vertuschen will, wird von ihr klein- und schöngeredet. Oder sie übergeht das Thema einfach. Kohl mit seinem berüchtigten Aussitzen von Problemen lässt grüßen. Darin ist sie noch besser als ihr Mentor und Mäzen Kohl. Die elendige Art von Kohl und die in der DDR als Staatskunst gepflegte Rosstäuscherei hat sie perfektioniert. Diese Frau in ihrer politischen Funktion liegt wie Blei über der BRD. Politisch und weltanschaulich hat sie einen tiefen Graben aufgerissen, der mehr und mehr Leid und Not verursacht. Warum nur handelt sie so? Hat sie persönlich aus ihrer DDR-Zeit so viel Dreck am Stecken, dass sie von wem auch immer erpressbar ist, und nicht anders handeln und denken kann und darf, als sie es tut? Wenn ich mir in diesem Zusammenhang die Bilder vom G7-Gipfel-Treffen in Elmau ins Gedächtnis rufe, wie sie unterwürfig um Obama herum schwänzelt, und dieser sich ihr gegenüber absolut gönnerhaft, aber auch von oben herab zeigt, dann stimmt hier einiges nicht. Die servile Angela geht von sich aus, so jedenfalls mein Eindruck, noch einige Schritte weiter, als ihr dies die US-Boys auferlegt haben.

Das soll eine (unsere?) Bundeskanzlerin sein? Ich bin erschüttert. Merkel, tu uns und dir den größten Gefallen, und hau endlich ab!

Merkel wurde installiert, mit dem rücksichtslosen Durchsetzen der EU-Diktatur, und jetzt zusätzlich und ergänzend mit dem in weiten Teilen kriminellen, sogenannten Freihandelsabkommen TTIP & Co. die bestehende Ordnung, das im Bewusstsein Deutschlands und der europäischen Nationen liegende Positive, Bewährte und Förderliche zu vernichten. Dahinter muss ein unbändiger Hass auf alle Werte oder unbeschreibliche Dummheit stehen. Merkel ist mit ihren ReGIERungskomplizen angetreten, den Menschen in unserem Land auch noch das letzte Stück Würde zu rauben und das Volk zu unterjochen. Der Mensch in seiner individuellen Eigenart ist nicht mehr willkommen, weshalb diese ausgerottet werden soll. Gewünscht ist zukünftig der beliebige, willfährige EU-Zombie. Ein gigantisches Verbrechen geschieht hier unter allen Augen, doch keiner bemerkt es oder will es nicht wahrhaben. Wie kann das nur sein? Die nahe liegende Erklärung trifft es wohl am besten. Dem Menschen ist vor lauter Rennen im Hamsterrad des täglichen Lebens das Gehirn zu sehr durchgeschüttelt worden, so dass er nicht mehr zu klarem Denken und eigenständigem, verantwortlichem Denken und Handeln fähig ist. Es geht schon wieder los, wie damals 1933.

Die Beschreibung des „Spitzenpersonals" der BRD wäre nicht vollständig, ohne auf unseren absolut unsäglichen Bundespräser einzugehen. Das Schicksal hat ihm den richtigen Namen mitgegeben: Gauck(ler). Er tritt auf mit pompösem Gehabe. Er lässt seine Gnade auf diejenigen, die ihn anbeten, huldvoll herab triefen. Er verteilt gerne unser Geld. Nicht jedoch, ohne darauf hinzuweisen, dass wir alles Elend der Welt verursacht haben. So ist es nur gerecht, wenn wir wenigstens zahlen, bis wir ausgeblutet sind. Seine Geburtsstätte und anscheinend auch geistige Heimat ist die untergegangene Deutsche Demokratische Republik. Welcher Hohn liegt in dieser

Bezeichnung. Eine perverse Diktatur, und ein riesiges bestens bewachtes Staatszuchthaus waren das. Mit einem Personal, das aus brutalen Schergen bestand. Ich selbst hatte Verwandte in der DDR. Einige Besuche dort öffneten mir die Augen. Meine Verwandten stammten ursprünglich aus dem Sudetenland. Sie waren Deutsche. Sie wurden vertrieben, wollten keinesfalls aus ihrer Heimat trotz aller Widrigkeiten flüchten. Und jetzt wagt es der Gauckler, diese seinerzeit aus ihrem angestammten Land geprügelten, mit Mord, Totschlag und Vergewaltigung konfrontierten echten Vertriebenen mit den in die BRD strömenden Wirtschaftsflüchtlingen gleich zu setzen? Ich möchte ihm in sein hinterfotzig grinsendes Gesicht kotzen.

Wer im Unrechtsstaat DDR Karriere gemacht hat, so wie der Pfaffe Gauck, hat mit dem System sympathisiert, und war bis auf die Knochen und in seinen Genen linientreu. Das also ist die Merkel-Clique. Deren Herkunft sagt alles. Besonders gefällt sich der Bundespfaffe in der Rolle des überheblichen Mahners. Jedoch richten sich seine Mahnungen, Vorhaltungen und Vorwürfe immer nur gegen die deutschen Bürger. Alle anderen Menschen und Völker sind ja so harmlos und anständig. Er findet garantiert noch jede Menge Menschen, Organisationen, Staaten, etc., bei denen er sich im Namen des deutschen! Volkes entschuldigen kann. Gerne verbrämt er seine grotesken Entschuldigungen mit großzügigen finanziellen Zuwendungen, die er ja nicht aus eigener Tasche zahlen muss, sondern die dem blöden Steuermichel abgepresst werden. Egal, ob auf der anderen Seite die Anzahl der Hartz4-Empfänger und sonstigen Bedürftigen im Lande wächst und täglich größer wird. Der gemeine Bürger hat nach den Vorstellungen der Politik noch immer zu viel Geld, um das man ihn erleichtern und es an die „Richtigen" umverteilen muss. Zu den Richtigen gehören selbstverständlich die sich aufopfernden politisch Tätigen. Ich kann es nicht mehr hören, wenn getrommelt wird, dass Deutschland ein reiches Land sei. Die BRD ist ein Land der Reichen, aber noch lange nicht ein reiches Land. Ich hoffe sehr, dass der Tag nicht mehr fern ist, wo der Frust der Beraubten in Aggression umschlägt, und diesem schandbaren Treiben ein Ende setzt. So, lieber Leser, sieht dann die Realität aus.

Noch einen Nebensatz zum grauen Mäuschen Thomas die Misere. Unserem unscheinbaren, aber gerade deshalb umso gefährlicheren Innenminister. Sein Lieblingsprojekt ist das Ausschnüffeln der Bürger per Vorratsdatenspeicherung. Und die Speicherung der Nummernschilder jedes Fahrzeugs, das BRD-Straßen befährt. Natürlich dient das nur und ausschließlich dem Zweck, die Bösen, Kriminellen und die allgegenwärtigen Terroristen schon im Vorfeld, obwohl diese noch keine Straftat begangen haben, dingfest zu machen. Die „anständigen" Bürger (das sind jene, die bedingungslos der Staatsmacht gehorchen und jeden Dreck aus Politikermund für bare Münze halten) haben ja angeblich nichts zu befürchten. Und diese braven und dummen Leute applaudieren, und nicken beifällig mit ihrem alkoholdurchtränkten Kopf. Ich begreife nicht, wie einfältig man sein muss, um nicht zu sehen, dass dieser Staat seine fixierte Macht jederzeit gegen jedermann auch grundlos einsetzen kann.

Einige Ausführungen zum „Ausweis". Wie allgemein bekannt, gibt es vorrangig davon zwei. Den „Personalausweis" und den Reisepass. Wenn ich es mir recht überlege, dann sind Ausweise eine Frechheit sondergleichen. Kann ich das für den Reisepass noch einschränken, so ist der sogenannte „Personalausweis" Ausdruck der Nichtexistenz eines Menschen schlechthin. Wer keinen Ausweis hat, ist ein Niemand. Es gibt ihn schlichtweg nicht. Der Staat nimmt dem Menschen sein elementarstes Menschenrecht, nämlich einfach der zu sein, der man ist. Es ist würdelos, wenn erst ein Fetzen Plastik dem Menschen zum Menschen und Bürger stempelt. Das ist vergleichbar mit den gelben Markierungen, die man an den Ohren der Rindviecher anbringt. Anhand der aufgestempelten Nummern werden diese identifiziert. Per Gesetz wird dem Menschen sogar befohlen, einen Personalausweis besitzen zu müssen. Um das Maß voll zu machen, enthält dieser einen Mikrochip, damit der Mensch und Bürger komfortabel überwacht werden kann. Ja, was bedeutet denn „Personalausweis" eigentlich? Es heißt, dass wir lediglich das abhängige Personal eines fragwürdigen Gebildes namens Staat sind. In der BRD ist dieser Zustand im Gegensatz zu anderen Staaten extrem, denen wenigstens eine „Identitätskarte" zugestanden wurde. Von wegen der Souverän, der wir sein sollen. Wir sind nur das registrierte Personal eines Staates, der inzwischen in eine Firma umgewandelt wurde. Wir sind dazu da, einer bestimmten Schicht zu dienen und deren Vorstellungen zu bedienen.

Zusätzlich zu den vorbeschriebenen Ausweisen hat man sich weitere, wie die Versichertenkarte zur GKV, Gesetzliche Kranken-Versicherung, einfallen lassen. Nicht mal die intimsten Probleme der Bürger sollen vertraulich bleiben, sondern dem gigantischen Datenpool zugeführt und mit den weiteren gespeicherten Daten über jeden Menschen vereinigt werden. Das nennt man Perfektion der Überwachung. Hier muss ich noch etwas loswerden, weil es meine Kinder betrifft. Es ist nachgerade pervers, Bürgern, die sich selbstständig machen wollen, gleich zu Beginn der Tätigkeit unverhältnismäßig hohe „Beiträge" sowohl für die Krankenkassenversicherung als auch für die staatliche Ponzi-Schema-Rentenversicherung abzufordern. Wie soll ein Neugründer bei diesen Belastungen da vernünftig auf die Beine kommen? Das jedoch ist für die Politparasiten irrelevant. Hauptsache, sie selbst haben für sich vorgesorgt mit fetten Diäten, wie sie es vornehm nennen, Pensionen und allen möglichen Vergünstigungen.

Ein Wort zu Wahlen. Inzwischen bin ich aufgrund gemachter Erfahrungen davon überzeugt, dass der Wähler seine Stimme, gleichbedeutend mit seiner Person, auf einen Fremden überträgt, dessen wahre Intention dieser in der Regel verschleiert. Der Wähler handelt somit verantwortungslos. Er stellt dem Gewählten gleichzeitig mit dem Kreuz auf dem Wahlzettel einen Persilschein aus, hinter dem sich dieser verstecken kann, sobald Probleme oder fahrlässig oder gar vorsätzlich herbeigeführte Katastrophen durch das politische Syndikat verursacht wurden. Verächtlich lächelnd kann er mit seinem Finger Empörung heuchelnd auf den Dummkopf zeigen, der ihm den Anschein legaler Macht sogar schriftlich gegeben hat.

Jemand hat mal gesagt: Die Wähler machen alle paar Jahre das Kreuz, das sie später tragen müssen. Wie wahr!

Wenn ich schon über Wahlen schreibe, so können in diesem Kontext die Parteien nicht außen vor bleiben. Ich behaupte: Die Parteien sind der Eiter im gesellschaftlichen Leben; sie sorgen unaufhörlich für Entzündungen in seinem Körper. Ihre führenden Schrumpfköpfe verursachen am laufenden Band Ärger, Zwietracht, Ungerechtigkeit und Unfrieden. Sie wiegeln das Volk gegeneinander auf, und halten abstoßende Verhaltensweisen wie Neid immer schön am Köcheln. Ein Volk, das zerrissen ist, dem allgemeines gegenseitiges Vertrauen fehlt, lässt sich umso leichter beeinflussen und lenken. Die Parteien sind inzwischen mit dem Staatsgebilde derart verfilzt, dass sie alle Macht an sich reißen konnten. Sie entscheiden über Recht und Gesetz, Wohlstand oder Not, Krieg oder Frieden.

Wie konnten wir diese Entwicklung nur so kommentarlos hinnehmen? Gerade Deutschland hat so verheerende, grauenhafte Erfahrungen mit der Nationalsozialistischen Parteienideologie des Adolf Hitler gemacht, dass wir für alle Zeit davon geheilt sein müssten. Nach dem Desaster mit dem Dritten Reich hatten wir wahrlich die einmalige Chance, es auf Dauer besser zu machen. Den Menschen dauerhaftes Glück, Wohlbefinden und beständigen Wohlstand zu verschaffen. Einige Jahrzehnte ging das auch gut, doch dann begab sich der deutsche Politochse ohne Not aufs dünne Eis, und brach auch prompt ein. Nicht akzeptieren kann ich das Argument, dem Bürger würde es auf breiter Front und steigend gut gehen. Das ist ausgemachter, blinder Quatsch. Vordergründig mag manches danach aussehen, doch hinter den Kulissen dieses Potemkinschen Dorfes herrschen jedoch die Schulden und der Mangel.

Diesen Wahnsinn, diese Lüge honorieren wir auch noch großzügig. Die Parteien haben sich zum Herrscher aufgeschwungen – dieses Theater ist absurd. Es ist jedoch kein Wunder, dass sich dieser Zustand fest etabliert hat. Denn wenn beispielsweise anlässlich banaler Festivitäten einem bayerischen „König Horst" gehuldigt und gelobhudelt wird und dieser sich an den Unterwerfungsgesten grinsend weidet, ja, dann ist nicht er schuld, sondern wir sind es. Weil wir es zugelassen haben, dass er mit Überheblichkeit, Arroganz und Verschlagenheit diesen goldenen Thron besetzt hat. Die naiven Steuersklaven sorgen mit ihrer völlig unverständlichen Freude über die Tatsache permanent steigender Steuerbeute zudem dafür, dass die Herrschaften nicht mit angemessenen Kraftfahrzeugen durch die Lande gefahren werden wollen, sondern es müssen schon die Luxusfahrzeuge der Premiumhersteller sein. Nur nebenbei bemerkt: Sollten diese Autohersteller das eine oder andere Fahrzeug oder womöglich eine ganze Flotte der Politik und den politischen Parteien kostenlos zur Verfügung stellen, so ist das schlicht und einfach Korruption. Wer sich eben das alles nicht mit ehrlicher Arbeit verdienen muss, verliert allerdings im Laufe der Zeit jedes Maß und jeden Anstand.

Wenn der Bürger des Weiteren glaubt und darauf vertraut, dass ihn das hehre Grundgesetz schützt, dann läuft er einer Fata Morgana in der BRD-Wüste nach. Auf der Homepage der Schwatzbude Bundestag lese ich zum Text des Grundgesetzes:

„Das Grundgesetz (GG) ist die Verfassung für die Bundesrepublik Deutschland. Im Grundgesetz sind die wesentlichen staatlichen System- und Werteentscheidungen festgelegt. Es steht im Rang über allen anderen deutschen Rechtsnormen.

Die in den Artikeln 1 und 20 des Grundgesetzes *nieder*gelegten Grundsätze sind unabänderlich. Artikel 1 garantiert die Menschenwürde und unterstreicht die Rechtsverbindlichkeit der Grundrechte. Artikel 20 beschreibt Staatsprinzi-

pien wie Demokratie, Rechtsstaat und Sozial-
staat".

Uiii, wie toll. Doch halt, da stolpere ich doch tatsächlich gleich über den ersten Satz. Das Grundgesetz ist die Verfassung... Wieso heißt das
Grundgesetz nicht Verfassung, wenn es angeblich die Verfassung ist? Meines Wissens steht
eine Verfassung zudem auch über einem Grundgesetz, das letztlich lediglich einem Regelwerk
entspricht. Also, warum wurde zumindest seit
der Okkupation der DDR durch die Westrepub-
lik keine Verfassung eingeführt. Ich weiß es nicht
und ich verstehe es auch nicht. Finden Sie es heraus.

Ich habe mal willkürlich drei Artikel des Grundgesetzes heraus gegriffen, um sie kurz zu kom-
mentieren.

Artikel 1) Die Würde des Menschen ist unantast-
bar.
Das ist der Lächerlichkeitsartikel schlechthin. Die
Würde des Menschen wird tagtäglich durch den
Staat, vertreten durch seine Statthalter, teils auf
das Gröbste verletzt. Ich nenne hier nur die zwei
offensichtlichsten Beweise, nämlich den der

permanenten Täuschung und das rücksichtslose Überstülpen der EU-Fiskal- und Transferunion über die Bevölkerung.

Artikel 8) (1) Alle Deutschen haben das Recht, sich ohne Anmeldung oder Erlaubnis friedlich und ohne Waffen zu versammeln. (2) Für Versammlungen unter freiem Himmel kann dieses Recht durch Gesetz oder auf Grund eines Gesetzes beschränkt werden.

Aha, im Keller eines Hauses dürfen wir also unsere „Freiheit" wahrnehmen. Allerdings ohne Knarre, Messer oder Schlagstock, diese Waffen bleiben dem staatlichen Gewaltmonopol vorbehalten. Damit sich diese leichter tut, uns im Falle eines Falles ordentlich eins über die Rübe zu ziehen, um Unbotmäßigkeiten gleich im Keim zu ersticken. Und unser Grummeln über den Staat soll auch niemand mitkriegen, denn es könnten zu viele Grummler werden. Deshalb der Keller. Darüber hinaus ist es mit der angeblichen Freiheit auch schon vorbei.

Selbstverständlich wurden die Beschränkungen im Rahmen der Nummer (2) nach Kräften ausgebaut.

Artikel 13) Die Wohnung ist unverletzlich.

Ein besonders geschütztes, hohes Gut, sollte man meinen. Wie kommt es dann, dass die Polizei, teilweise sogar ohne richterliche Anordnung, Menschen in ihrer Wohnung überfallen, weil diese womöglich zwei Cannabispflanzen besitzen oder der andere Fall, weil sie irgendjemandem Euro 47,99 schulden, und diese Schulden ums Verrecken nicht bezahlen können oder wollen?

Wissen Sie was? Dieses ganze Regelwerk ist Blendwerk. Es wird grundsätzlich durch nachgeordnete Gesetze außer Kraft gesetzt oder eingeschränkt. Die Realität sieht eben anders, härter und grauer aus.

Die ganze Politkacke kann in einen Satz gefasst werden, den ausgerechnet der bayerische Politschwafler Edmund Stoiber von sich gegeben hat: Ich mache nicht nur leere Versprechungen, ich halte mich auch daran.

Petitionen

Vor allem durch das Internet zeichnet der Bürger für das System lästige Petitionen, in welchen er die Bitte um Gewährung einer Gunst! äußert. Die ihm eigentlich als selbstverständliches Recht zusteht. Was ist das denn: Der Bürger, der angebliche Souverän, bittet seine Untergebenen, seine Dienerschaft um ihm zustehende Selbstverständlichkeiten! Da ist doch oben und unten, hinten und vorne vertauscht. Aber der Gipfel dieser Machenschaften ist der, dass sich die Masse der Bürger ungemein erhaben und kultiviert bei diesen Dummheiten vorkommt. Weil es angeblich politisch korrekt ist. Bei diesem ganzen falschen Getue merkt der Bürger schon wieder nicht, dass er wiederholt wie der Ochse am Nasenring durch die Arena geführt wird, um dort zu landen, wo ihn die die tatsächliche Macht innehabende Dienerschaft haben will. Auf den Rängen sitzt der Politpöbel und amüsiert sich prächtig ob dieses Schauspiels. Wenn die gefoppte Bürgerschaft manchmal erkennt, dass sie keine oder allenfalls zugestandene sogenannte „Achtungserfolge" (Wiiieeehahaha…, lacht schon wieder das Pferd) erzielt, dann, ja dann zieht der liebe Bürger verlegen seine Trumpfkarte, die da lautet: „Da kann man halt nichts machen!", und geht zur Tagesordnung über. Das ist der Punkt, an dem ich und das Pferd regelmäßig kotzen.

Nur weil Otto Normalbürger nicht an sich, nicht an seine zweifellos vorhandene Macht glaubt, macht er die immerwährende Fortsetzung dieser verschissenen Seifenoper und damit des gesamten Systems möglich. Und hält es prall am Leben. Leute, lernt wieder laut und deutlich NEIN! zu sagen, wenn euch etwas entschieden gegen den Strich geht. Und zu diesem NEIN! auch zu stehen, es durchzusetzen.

Hätten die Politiker und ihre sie säugenden Parteien richtig Bezug zum Volk, dürfte es diesen Schlamassel nicht geben. Leider besteht der gesamte politische Apparat aus blutsaugenden Zecken. Sie saugen nicht nur Blut, vielmehr sondern sie im Gegenzug als Dank an den Wirt ihr verheerend wirkendes Gift ab. Es ist kein Wunder, wenn dadurch in der Gesellschaft mehr und mehr Apathie Platz greift. Der Mensch ist dann nur zu gerne bereit, sich allen möglichen Ablenkungen hinzugeben, anstatt sich mit diesen elementaren, sein Leben ungeheuer beeinflussenden Themen auseinander zu setzen.

Medien

Eine aus Besserwissern, sogenannten und selbsternannten Experten, lügnerischen Manipulatoren und vor allem der Politik in den Allerwertesten kriechende Spezies hat sich hier herauskristallisiert. Gut erinnere ich mich an frühere Zeiten, als ich das, was Süddeutsche Zeitung, Münchner Merkur, Spiegel und all die zahllosen weiteren Blätter verbreiteten, für wahr und richtig hielt. Mein lieber Schwan, was war ich blauäugig. Es war naiv zu glauben, schon damals wäre die verbreitete Information ehrlich, sachlich und sauber gewesen. Von wegen. Ich war nur blind der Realität gegenüber. Erst die Informationsvielfalt im Internet mit dessen konträren Quellen schuf hier Abhilfe. Viel gibt es zur Rolle der Printpresse eigentlich nicht zu sagen. Außer, dass ich mich beleidigt fühle. Aus diesem Grund nehme ich es auch persönlich. Ich habe diesen Typen vertraut, und musste zunehmend feststellen, dass ich auf ihren Schwachsinn und die von ihnen gelegten falschen Fährten hereingefallen bin. Aber jetzt, wo diese Brut ihre Felle davonschwimmen sieht, weil ihr immer mehr Menschen auf die Schliche kommen, setzt ein verlogenes, selbstmitleidiges und heuchlerisches

Gewinsel ein. Dabei bekommen sie doch lediglich die Quittung für ihren Verrat am Leser. Diese lächerlich, nichtsdestotrotz gefährliche Vierte Gewalt im Staate erntet nun, was sie gesät hat.

Was mich an der Sache freut, ist, dass die Presse aber nicht die Politik auf ihrer Seite hat, der sie so lange, ihre gerechte Aufgabe verleugnend, den Schwanz gehalten hat. Denn diese, das ist eine altbekannte Tatsache, benutzt die Presse lediglich für ihre wechselnden Zwecke. Heute hüh – morgen hott. So kommt es, dass die Presse zum lediglich benutzten Trottel degradiert ist. Das hat sie nun davon; sie sitzt zwischen den Stühlen. Charakterschweine und rückgratlose Menschen und Systeme haben es sich selbst zuzuschreiben und nicht anders verdient, wenn sie gewaltig unter Druck geraten, um sich letztlich selbst zu zerstören.

Da sind gewisse Fernsehsender schon viel schlauer vorgegangen. Sie haben ihren Platz an den finanziellen Fleischtöpfen der Nation gründlich abgesichert. Ich spreche von ARD und ZDF. Diese haben beizeiten dafür gesorgt, dass Politiker ganz konkret Einzug in ihre Aufsichtsgremien gehalten haben. Frage nebenbei: Wieviel Geld oder sonstige Vorteile werden da verteilt? Wer darf hier schmarotzen? Die Lebenspartnerschaft der Flachbildschirmmedien mit der Politik hält für beide unübersehbare Vorteile bereit. Eine klassische Win-Win-Situation. Die Politik kann ihre destruktive Propaganda nebst Geschichtsklitterung leicht und unauffällig unters gläubige Volk bringen. Als Gegenleistung dürfen ARD und ZDF mit ihren metastasierenden weiteren Sender-Anhängseln den Bürger finanziell kräftig über den Löffel balbieren. Um über acht Milliarden Euro berauben sie uns inzwischen. Brutal, wenn es sein muss, unter dem regierungsamtlichen Schutzschirm, dem sich eilfertig die Justiz angeschlossen hat, unter Verwendung und Einsatz des staatlichen Gewaltmonopols. Da wird extra eine hinterlistige und in höchstem Maße ungerechte Abzocke namens „Rundfunkbeitrag" installiert. Die Herrschaften in den Sendeanstalten reiben sich die Hände, denn nun kann mit den beigetriebenen Milliarden, für die überwiegend lediglich seichter journalistischer und filmischer Müll geliefert wird, geprasst werden. Was, Herr Intendant, Sie bekommen lediglich ein Jahressalär von 240.000 Euro? Na, da müssen wir doch eine dicke Scheibe finanziellen Schinken drauf legen. Sagen wir 60.000 Euro? Das hört sich etwas besser an, lächelt spitzbübisch der Herr Intendant, während er bereits an das kommende Jahr mit seinen finanziellen Überraschungen denkt.

Schauen wir uns doch mal das Programm eines beliebigen Tages an. Unterirdisch primitive Telenovelas wechseln sich ab mit todlangweiligen Zoogeschichten, der singenden Biene Maja, Kochsendungen zum Erbrechen, Sperrmüll-Trödel-Shows, dazwischen immer wieder als Highlights Mord- und Totschlag-Serien, verblödende Quiz-Shows und als Nonplusultra tritt auf der nur noch peinliche Quasselsack und Abzocker Thomas G. Im Übrigen widert mich generell der Anteil der Sendungen an, die (mörderische) Gewalt darstellen. Für solchen Psychodreck dem Bürger auch noch unverschämt hohe „Beiträge" abzupressen, ist kriminell. Ohne Beispiel sind darüber hinaus die sogenannten Nachrichtensendungen. Was hier gelogen und manipuliert wird, geht auf keine Kuhhaut, wie es so schön heißt.

Empörend in diesem Zusammenhang ist auch die Rolle Justitias. Abertausende Klagen gegen diese Ungerechtigkeitssteuer wurden und werden abgeschmettert. Und jetzt kommt der Hammer. Soeben hat unser das Recht und die Politik schützender Bundesgerichtshof geurteilt, dass Zahlungsverweigerer des „Rundfunkbeitrags" anstandslos in das bei den Amtsgerichten geführte sogenannte Schuldnerverzeichnis eingetragen werden dürfen. Mit allen Konsequenzen, die bis hin zur finanziellen und wirtschaftlichen Vernichtung der Existenz eines Menschen und Bürgers führen können. Das geschieht auf Basis einer Schandvereinbarung zwischen dem Staat und dessen Propagandasendern. Noch offensichtlicher kann die Justiz nicht zeigen, auf wessen Seite sie steht. Bravo! Ich mache hier nun einen zusätzlichen Vorschlag für die Behandlung unbotmäßiger Bürger. Führen wir doch in dieser BRD für diese asozialen Leute, die sich nicht berauben lassen wollen, wieder die Prügelstrafe, den Pranger und den rattenverseuchten Schuldturm ein.

Doch solange die Mehrheit der Gesellschaft, sei es aus beschränktem Denken heraus oder Bequemlichkeit oder weil sie Gangstermethoden des Staates sogar für richtig hält, sich nicht den aufrichtigen Gegnern dieses Vorgehens anschließt und sich entschieden und gemeinsam gegen kriminelle Maßnahmen wehrt, werden sich nur marginale Verbesserungen ergeben. Denn: Hat die Politmafia erst mal Blut geleckt, dehnt sie ihr Terrorregime immer weiter aus. Noch nie hat es das in der Geschichte der Menschheit gegeben, dass der Staat zurückgefahren wurde. Verdammt noch mal, gerade wir Deutschen haben doch Brandblasen an unserer kollektiven Seele aufgrund unserer geschichtlichen Erfahrung, was geschieht, wenn wir zu allem, was die ReGIERung uns sagt, zustimmend nicken und ja sagen. Auch wenn es wie hier um eine vergleichsweise kleine Angelegenheit geht. Wir wissen doch, der Teufel steckt im Detail.

Ich bin dankbar, dass es das Internet gibt. Dort hole ich mir vorrangig meine Informationen. Warum? Weil es unendlich viele Quellen mit den unterschiedlichsten Denkansätzen und Betrachtungsweisen zur Verfügung stellt. Ich kann auswählen. Ich kann Meinungen gegenüberstellen. Auch meiner eventuell bereits vorgefassten Meinung. Wieso sollte ich also die publizierte Meinung eines Autors der Süddeutschen Zeitung als die allein seligmachende annehmen? Wo sie doch zudem der vom Blatt vorgegebenen Richtung übereinstimmen muss. Welches Verständ-

nis von Demokratie pflegt dieses Blatt, wenn
nicht konforme Kommentare ausgegrenzt werden? Nein, Leute, das muss ich nicht haben.
Deshalb pfeife ich auf die Mainstreammedien.
Soll sie doch der Teufel holen. Er ist schon unterwegs.

Finanzindustrie / Finanzmafia

Neben der Politik hat sich meine Wut und grenzenlose Verachtung hauptsächlich auf die menschenhassende, verabscheuenswerte Finanzmafia konzentriert. Eigentlich ist es eine Beleidigung für die Mafia, sie mit der Finanzindustrie gleichzustellen. Denn die Mafia achtet auf ihre Mitglieder, schützt und versorgt sie. Die Finanzindustrie, bestehend aus Europäischer Zentralbank, IWF, BIZ, Banken und Sparkassen, Schattenbanken wie Hedgefonds, Private-Equity-Firmen, Zweckgesellschaften, Versicherungen, Ratingagenturen, EFSF, ESM, europäischer Bankenunion, und so weiter und so fort, hingegen hat darüber hinaus ein Ziel, das sie gnadenlos verfolgt: Menschen und Währungen zu vernichten, Geld, Vermögen und Sachwerte auf wenige Auserwählte zu konzentrieren.

Ein unübersichtliches Geflecht sich gegenseitig stützender und schützender Konstrukte und Organisationen ist hier entstanden, um die Menschen um die Früchte ihrer Arbeit zu bringen. Eine historische Chance tut sich für diese Kanaillen damals durch den zweiten Weltkrieg auf. Die Welt steht in Flammen. Im Schutz des Rauches jedoch werden die Fäden gezogen, Strukturen geschaffen, die nun seit einigen Jahren ihr volles abscheuliches Potential entfalten. Die Protagonisten haben die Gunst der Stunde genutzt, dumme, von ihrer ausgeprägten persönlichen Gier nach finanzieller und wirtschaftlicher Bereicherung getriebene Politaffen in ihre Ställe zu locken. Mit offenen Mäulern sind diese hechelnd nur zu gern zum Verrat und Betrug am Volk bereit. In ihren Augen glänzen Dollar-, Mark- und Euro-Zeichen. Es rentiert sich ja. Die eigene Tasche wird prall und praller.

Die Master-o-the-Finance-Universe feiern und prassen. Nach anfänglichen Schwierigkeiten, die ihnen die Minderheit der Aufrechten und Anständigen bereiten, tragen sie auf breiter Front einen kapitalen Sieg davon. Der Dämon entflieht aus der Flasche. Sie steigen zur Herrscherkaste der Welt auf. Doch haben sie nicht mit der Skrupellosigkeit des Geistes gerechnet. Er erkennt schnell, wie unzulänglich, wie schwach die vermeintlichen Beherrscher sind. Daraufhin beschließt er lächelnd seinen eigenen Plan umzusetzen, die Kommandogewalt über die Finanzen weltweit zu übernehmen. Sein Plan sieht vor, der größte und mächtigste Dealer aller Zeiten zu werden. Er ist kein guter Geist, dienstbar für uns Menschen. Er ist vielmehr der Dämon der bitterbösen Gier, des grenzenlosen persönlichen Egoismus, und der maßlosen Überheblichkeit des Menschen über unveränderliche, von der Natur vorgegebene Gesetzmäßigkeiten. Sein Plan ist einfach und von daher genial.

Unsere Welt tanzt um das goldene Kalb. Den lieben langen Tag geht es nur ums Geld. Im privaten Bereich ebenso wie im staatlichen und bei den Firmen. Ich höre nur noch das Geschrei von dringend notwendigem Wachstum, und dass die Gewinne hauptsächlich der Konzerne höher und größer werden müssen. Es könnte einem schwindlig werden, angesichts dieses ganzen Schwindels, den unser betrügerisches Falschgeldsystem erzeugt. Das ganze Ausmaß dieses Themas ist unerschöpflich. Es lässt sich nur, wenn überhaupt, auf Tausenden von Seiten darstellen. Ich bin dazu nicht in der Lage, weshalb ich lediglich einige, mich besonders störende Punkte ansprechen will. Ich beschränke mich deshalb auf die Finanzkreise, die mir am nächsten sind oder besonders negativ aufgefallen sind. Die Banken, Sparkassen und Versicherungen, die Europäische Zentralbank (EZB), sowie diesen dubiosen ESM, den Europäischen-Stabilitäts-Mechanismus. Was für eine Wortschöpfung. Aber darin sind sie alle erfinderisch, die uns Belügenden, Manipulierenden, über den wahren Zustand des Finanzsystems hinwegtäuschenden Spezis. In Wirklichkeit hat keiner von denen mehr eine Ahnung was er tut. Aber ihr Ziel kennen sie genau. Anstatt STOPP zu sagen, lasst uns einhalten, um faire Regeln zu entwickeln und für deren unbedingte Einhaltung zu sorgen, wird nur noch in immer gewaltigerem Umfang gepfuscht und betrogen. Wir feiern die Droge Geld, bis es sie und uns zerreißt.

Was ich gegen den ESM vorbringe? Vor allem die Tatsache, dass er ein Schwindelunternehmen ist, dessen Kopf unser verehrter Herr Finanzminister Schäuble ist. Mit diesem „Instrument" wird „Geld" willkürlich erzeugt geklaut, verschoben – kurz gesagt, es wird getrickst nach Strich und Faden. Der Rollifahrer hat zudem die günstige Gelegenheit genutzt, sich die Taschen ein weiteres Mal zu füllen, ohne dass eine Kontrolle durch das Volk oder eine gerichtliche Institution möglich ist. Auch jeglicher Haftungsanspruch gegen ihn und seine Spießgesellen selbst bei vorsätzlichem Falschhandeln ist ausgeschlossen. Ja, wie ich bereits an anderer Stelle schrieb, diese Meute ist gottgleich. Jeder kleine Unternehmer muss für seine Fehlentscheidungen, die er vielleicht sogar aufgrund staatlichen Eingriffs einstehen und büßen. Sei es durch Verlust des Vermögens und seiner Existenz oder er bekommt einen längeren Urlaub im Gefängnis, aber dies gilt nicht für diese Politverbrecher. Sie haben sich selbst aus eigener Machtvollkommenheit einen generell gültigen Persilschein ausgestellt.

Die EZB und die Politik spielen seit langem falsch. Je nachdem, was sich besser verkaufen lässt, übernimmt mal die ReGIERung die Aufgabe, die Menschen zu prellen, immer öfter ist es jedoch die EZB, welche (zwar verbotenerweise) eigentlich der Politik vorbehaltene Entscheidungen trifft. Sie kennen doch das Spiel guter Bulle – böser Bulle. Und unser „Verfassungsgericht" segnet alles ab. Warum? Weil die Verfassungsrichter von den politischen Parteien ausgewählt werden. Sie werden deshalb doch nicht die Hand beißen, die sie füttert. Pfui Teufel, bleibt mir da nur noch zu sagen.

Lassen Sie mich die Geschichte des bösen Wahns weiter am Beispiel der allgemeinen Finanzjongleure, mit denen wir jeden Tag konfrontiert sind, fortführen. Hier stört sich das gewissenlose Phantom an der Tatsache, dass die Menschen sparen. Sparen für unverhoffte Ausgaben, wie sie das Leben nun mal keineswegs in überraschender Weise mit sich bringt, als Vorsorge für das Alter, nach dem Vorbild des Eichhörnchens, das während der fetten Erntezeit einen Vorrat an Nüssen für die mageren Wintermonate anlegt, für die Anschaffung von Konsumgütern und vieles mehr, was der Mensch zu brauchen meint oder es tatsächlich für ihn überlebenswichtig ist. Dieses solide Verhalten ist dem heimtückischen Wahn natürlich der große Dorn in seinem verdorbenen Fleisch. Dieser Zustand muss schleunigst geändert werden. Die Menschen werden daraufhin mit der Droge Schulden angefixt. Zunächst in kleinem Stil. Dann geht ein Bombardement aus Manipulation und Verführung, für das er den harmlos klingenden Begriff Marketing erfindet, auf die Menschen nieder. Das Böse erfindet immer neuen Spielarten des Stoffs. Begierig saugen die nun zu Kreditsklaven umerzogenen den Duft des Geldes ein. Und wollen mehr, immer mehr davon. Sie werden süchtig. Die

Droge Geld wird zu scheinbar verlockenden, ja regelrecht billigen Preisen angeboten. Jetzt beginnt der Ungeist den Stoff zu strecken. Schmutziger werden die Zutaten, die er hinzumischt. Den Junkies ist es egal, sie können nicht mehr unterscheiden, sie stecken bis zum Hals in der sich zuziehenden unzerreißbaren Schlinge, und können ihren Zustand nicht mehr bewusst wahrnehmen. Hauptsache, der Nachschub an Gift stockt nicht, bleibt nicht aus, denn das wäre für sie die ultimative Katastrophe. Immer weniger Bürger können sich das neue Auto aus Erspartem ohne Schulden zu machen leisten. Kredit und Leasing übernehmen die Macht. Konzerne bieten, natürlich völlig selbstlos an, Reisen, elektronische Geräte, Möbel, Kleider, und sogar kleinen Konsumschund auf Schuldenbasis zu kaufen. Nicht mehr lange, und selbst eine Zahnbürste wird finanziert.

Ein versklavendes System ist an die Stelle der freien Entscheidung getreten. Dieses System braucht eine Kontrollinstanz. Sie wird auch umgehend installiert, und Schufa genannt. Schutzgemeinschaft für allgemeine Kreditsicherung. Diese gibt als Geschäftszweck vor, die guten von den schlechten Schuldnern zu trennen. Selbstverständlich widmen sich diesem hehren Ziel eine größere Anzahl weiterer Organisationen. Ich will mich aber auf die mächtigste Schnüffelstelle beschränken, und das ist eben die Sch... Diese ist inzwischen zum hochgeheimen Nacktscanner aller Bürger geworden, die sich mit der Finanzmafia einlassen. Letztere bedient sich mit Genuss dem mit ihr verschworenen Datenkraken. Die Schufa verweigert hingegen dem Betroffenen gegenüber die komplette Offenlegung seiner über ihn gespeicherten Daten und deren Quellen, so dubios diese auch sein mögen. Wundern Sie sich beim nächsten Mal nicht über das dümmlich-überhebliche Grinsen des Bankmitarbeiters, wenn er Ihren Kreditwunsch abschlägig bescheidet. Er hat eine Information von der Sch... bekommen, die ihm nicht gefällt. Vielleicht liegt es an dem Haus, in dem sich Ihre Wohnung befindet in Verbindung mit Ihrem Gesicht, das ihn abstößt. In der Regel bekommen Sie die Droge aber trotzdem, denn noch ist der Finanzmafia die Tatsache wichtiger, Sie in ihre Krallen zu bekommen, als auf ein Geschäft zu verzichten.

Seitdem sich sogar das höchste BRD-Gericht auf die Seite dieser systemrelevanten geheimniskrämerischen „Auskunftei" geschlagen hat, und gutheißt, was diese treibt, entwickelt diese verstärkt unter strikter Geheimhaltung der aus allen möglichen oder unmöglichen Quellen beschafften Daten ein besonders hundsgemeines „Scoring", auf das der Bürger nicht mal Anspruch auf Einblick hat. Ihm wird lediglich ein Ergebnis hin geklatscht, das er zu akzeptieren hat oder er soll es eben sein lassen. Was ist das für eine Frechheit! Es zeigt aber nur, dass der Bürger inzwischen entmündigt ist.

Einen besonders schlechten Scherz haben sich die Bankster einfallen lassen, seit sie Spareinlagen von den Leuten annehmen. Den meisten Sparern, wie dem Ehepaar Meiermüller, ist gar nicht klar, was hier geschieht. Der Mann ist fünfundvierzig Jahre schön brav in die Arbeit gedackelt, und hat seinen bescheidenen Lohn nach Hause gebracht. Die Mama hat die beiden Kinder großgezogen, sich angestrengt, dass aus den beiden anständig was wird, und auf sich selbst am wenigsten geachtet. Vom Verdienst des Mannes zahlte das Paar jeden Monat einen gewissen Betrag auf ein Sparkonto ein. Als es finanziell möglich war, folgten auch Einzahlungen auf Sparkonten der Kinder. So, dachten sie mit einem guten Gefühl, wir haben Geld für die Notfälle des Lebens. Wenn wir was brauchen, gehen wir einfach zur Bank oder Sparkasse (welch ein verlogener Begriff), und holen uns unser Geld. Hahaha, von wegen „unser" Geld. Das Geld ist weg. Es gehört jetzt denen, die es unter Vortäuschung falscher Tatsachen angenommen haben. Das einzige, was unsere Sparer haben, ist ein Zettel, auf dem lediglich Zahlen stehen. Was unsere Sparer haben, das ist allein eine Forderung gegen das Banksterhaus. Diese Forderung können die Bankster anerkennen oder auch nicht. So, wie es denen gerade passt. Ja, lieber Kunde, bitte verstehen Sie uns doch auch. Momentan sind wir aus zweihundertneunundvierzig Gründen nicht in der Lage, irgendwelche Zahlungen an Sie zu leisten. Ach, Sie wollen uns verklagen? Wie witzig! Dann viel Glück dabei. Anscheinend wissen Sie nicht, dass nicht nur die ReGIERung, sondern auch die Justiz von uns gekauft worden sind. Und jetzt raus hier, besudeln Sie nicht den Marmorboden, sonst bekommen Sie eins in Ihre Fresse, die wir nicht mehr sehen können!

Besonders heiß wird die Kartoffel, wenn sich der Bürger im Immobilienbereich bis über beide Ohren verschuldet. So, wie es seit geraumer Zeit von den Banken, Sparkassen und Versicherungen gehandhabt wird, können Darlehensnehmer (schon wieder so ein beschönigender Begriff) Kredite für Wohnimmobilien erhalten, selbst wenn der finanzielle Gürtel schon sehr schmal ist und in den Kunden bereits schmerzhaft einschneidet. Macht ja nix, Mann und Frau gehen fleißig arbeiten. Und wenn es nicht reichen sollte, können die beiden noch einen Nachtarbeiter-Nebenjob oben drauf satteln. In der Nacht arbeitet es sich sowieso besser, weil es ruhiger ist. Zudem sie müssen sich halt beim Essen oder beim Kauf neuer Kleidung einschränken. Wenn dann auch noch Kinder am Hals haben, sind sie selbst schuld.

Aber wehe, ein Verdiener fällt aus. Menschen werden nun mal krank, verlieren ihren Job, weil die Firma insolvent wird, und so weiter. Dann knallt es. Das geliebte Eigenheim, die Eigentumswohnung, auf die man so stolz ist, wird plötzlich zur Fata Morgana. Gehört nun den eiskalten Bankstern. Wollen Sie die Wahrheit hören? Nur wenn es unbedingt sein muss? Es muss! Die Wahrheit ist, dass Sie niemals echter Eigentümer Ihrer kreditfinanzierten Immobilie sind. Ihre wahre Stellung entspricht immer der eines Mieters. Solange, bis Sie das Darlehen zurückgezahlt haben. In zwanzig, dreißig Jahren? Oder noch länger. Für diese Realität hat der Darlehensgeber schon beim Notar gesorgt, als Sie aufgeregt und gierig vor ihm saßen, und lediglich mit einem Ohr seinem Gelaber gefolgt sind. Dabei haben Sie die Klausel mit der Zwangsvollstreckungsunterwerfung überhört oder nicht ernst genommen. Ist halt so. Ist halt üblich, dachten Sie. Da kann man nichts machen. Die ganze übliche Denkkacke bis hin zum beruhigenden Spruch: Nichts wird so heiß gegessen, wie es gekocht wird.

Oh doch, die Realität kocht manchmal sogar mit dem Höllenfeuer. Was ist, wenn sich die Wirtschaftstätigkeit rapide verschlechtert? Dann schränkt das die private Liquidität generell ein, die Anzahl der platzenden Kredite erhöht sich schlagartig. Das Immobilienangebot erhöht sich ebenso. Wert und Preis sinken, je umfangreicher das Angebot wird, das der Markt aufnehmen soll, aber nicht kann. Diesen Zustand können Sie aushalten, wenn Ihre Immobilie nicht finanziert ist. Andernfalls wird der Bankster sehr schnell auf der inzwischen zerschlissenen (weil Sie sich eine neue nicht leisten können) Matte vor der Haustür stehen und die Verstärkung der Sicherheiten verlangen, weil die Bewertungsgrundlage nicht mehr stimmig ist. Woher die Kohle nehmen, wenn nicht stehlen? In der Regel könnte die Lösung des Problems im Verkauf des Objekts bestehen. Oder der Bankvorstand und seine Komplizen sind auf das Objekt scharf, und werden es zu einem Schandpreis einsacken.

Noch einen besonders perfiden Trick haben die Herrschaften drauf. Sofern Sie voller Vertrauen in die Korrektheit der unterschriebenen Verträge eingewilligt haben, sind Sie auch schon verraten und verkauft. Es kann Ihnen wie schon vielen Schuldsklaven vor Ihnen passieren, dass plötzlich ein unscheinbarer Brief eines merkwürdigen Unternehmens ins Haus flattert. Darin wird Ihnen in dürren Worten mitgeteilt, dass ihr Darlehensgeber hinter Ihrem Rücken mit dieser ebenfalls der Finanzmafia zugehörigen Gesellschaft ein Geschäft dergestalt gemacht hat, dass diese die auf dem Objekt lastenden Grundschulden gekauft hat. Natürlich zu einem Bruchteil des Wertes, schließlich muss das Schmarotzerunternehmen auch ein paar Taler an Ihnen verdienen. Dann sind Sie das Objekt zwar los, aber nicht die kompletten Schulden. Sie wissen ja, Ihre Immobilie ist inzwischen im Wert weit unter den

Betrag gefallen, den Sie den Bankstern schulden. Also zahlen Sie schön brav für etwas weiter, das Sie nicht haben. Ich erinnere auch nochmal an die „Zwangsvollstreckungsunterwerfung", das bedeutet löhnen bis zum bitteren Ende, oder Insolvenz anmelden. Denn hier ist sich das System einig. Den Menschen in die Falle treiben, das ist korrekt, das ist selbstverständlich in Ordnung. Ihm im Falle von Problemen, für die er oftmals selbst nichts kann, sinnvoll helfen und ihn zu stützen, das ist per Gesetz verboten.

Schauen wir noch kurz in die USA. Was dort um das Jahr 2008 herum geschehen ist. Zu viele Bürger wähnen sich als Eigentümer, und stottern ihre Hypothekenraten ab. Bis ihnen die Finanzkrise einen gewaltigen Strich durch die schöngefärbte Milchmädchen-Rechnung macht. Vielen bleibt nichts anderes übrig, als in einer Nacht- und Nebel-Aktion sang- und klanglos zu verschwinden, und sich aus ihrem bisherigen Traumobjekt auf Nimmer-Wiedersehen zu verabschieden. Der Begriff „Traumobjekt" trifft eben zu. Es ist oftmals nur ein Traum, dem gefolgt wird. Vergessen wird dabei, dass wir auf der harten Erde leben, und böswillige Menschen das Sagen haben. Glauben Sie ja nicht, dass das bei uns nicht passieren kann, bloß weil einige dieser Idioten dieses Märchen am Leben halten.

Manches Mal darf aber doch gelacht werden. Dann nämlich, wenn es einen Systemling erwischt. Einen, der denkt er gehört doch dazu, ihm kann deshalb nichts passieren. So einer ist die ehemalige Landratte des bayerischen Landkreises Miesbach. Der Herr „Doktor" Kreidl. Der CSU angehörig. Die örtliche Sparkasse ist seine Nebenfrau. Diese zahlt sogar brav seine Geburtstagsfeier. Und die wird gar fürstlich ausgeführt. Mehrere zehntausend Euro werden auf den Kopf gehauen. Spielt doch keine Rolex. Der Anfang vom Ende naht, als er des Plagiats seiner Doktorarbeit überführt wird. Es folgt Skandal auf Skandal. Immer mit dabei die Sparkasse, mit dessen Vorstand er unter einer Decke finanziellen Rudelbums (für Nichtbayern Gruppensex) treibt. Auch die Bauvorschriften gelten nicht für den umtriebigen Herrn Landrat; die sind nur für den gemeinen Bürger erfunden worden. In der Schlussarie der Kreidl-Operette vor Gericht wird das hässliche Lied von der Untreue, der Vorteilsannahme und Vorteilsgewährung, Bestechung und Bestechlichkeit gesungen. Endlich wirft ihn seine Partei, die CSU, auch Christlich Soziale

Union genannt, aus ihrem Schutzschirm und Dunstkreis hinaus. Lang hat es gedauert, obwohl viele in dieser Partei längst Bescheid wussten.

Ein Beispiel für die Kungelei zwischen dem Staat und der Finanzwirtschaft sind die Rürup- und Riester-Rente. Da werden alle Beteiligten vortrefflich finanziell bedacht, aber nur die Anbieter. Die Banken, die ihre Banksparpläne den Leuten andrehen, die Versicherungen mit ihren Rentenversicherungsverträgen und Direktversicherungen, Fonds über ihre Sparpläne, etc. Wem also nutzen diese „Renten" wirklich? Ganz eindeutig der Finanzwirtschaft. Der beste Witz bei der Sache ist, dass der Kunde in der Regel über 90 (in Worten: Neunzig!) Jahre alt werden muss, nur um wieder an sein eingezahltes Geld zu kommen. Warum verbrennen Sie Ihr Geld nicht gleich oder schenken es dem kurz vor der Verarmung stehenden Finanzminister? Dann wissen Sie schon heute sicher, dass es nicht mehr vorhanden ist. Der Staat subventioniert eindeutig mit diesen Schneeballsystemen die Finanzgangster.

Nehmen wir nur die Abschlussprovisionen, vornehm Abschlusskosten genannt, der eingesetzten

Versicherungskeiler. Bis es soweit ist, dass der Einzahler eines fernen Tages seinen vermeintlichen Vorteil geltend machen kann, ist das betrügerische System längst zusammen gebrochen. Hier sind auch die propagierten Lebensversicherungen anzusiedeln. Bereits jetzt ist es erforderlich, dass der Staat seinen Partner Versicherungswirtschaft vor dessen Pleite bewahrt, indem er eine von der Höhe her lächerliche Verzinsung anordnet, die heute schon unter der aktuellen Inflationsrate liegt. Das heißt, der Versicherungsnehmer zahlt drauf, statt dass er daran verdient. Wenn ich zudem lese, dass die Versicherungen überwiegend den Deckungsstock der eigenen klassischen Lebensversicherungen für die Kapitalgarantie der Riester-Rente verwenden, dann wird mir schlecht. Lesen Sie mal die verklausulierten Vertragsbedingungen, vor allen Dingen diejenigen, die ganz klein gedruckt sind. Sie werden die Finanzgangsterbranche einseitig begünstigenden „Verträge" nur dann abschließen, wenn Sie unter Gehirnfick leiden. Oder es ist Ihnen egal, wer Ihnen das erarbeitete Geld stiehlt.

Ich könnte noch eine ganze Weile weiterschreiben, denn die Finanzmafia hat sich ein schier unerschöpfliches Reservoir an Gemeinheiten zugelegt. Möglichst alles, was nach Geld oder finanziellem Vorteil riecht kommt in das eigene Kröpfchen, nur das trockene Brot kommt in den schmuddeligen Topf für den abgezockten Kunden. Wie es zu diesen Zuständen kommen konnte, das ist doch ohne weiteres zu begreifen. Gleichgültigkeit des Kunden, Verantwortung grundsätzlich an die Bankster delegieren, grenzenloses Vertrauen in jeden, sogar erkennbaren, Unfug machen es diesen Leuten mit den weißen Krägen und dunklen Anzügen mehr als leicht, sich das fremde Geld anzueignen. Die Leute lernen es eben nicht, dass man sein Geld nicht ohne sorgfältige Prüfung hergibt. Warum verlangen Geldanleger keine Sicherheit von dem Bankunternehmen? Wenn der Schuldsklave Geld von der Bank haben will, muss er doch auch Sicherheiten stellen. Es heißt, durch Schaden wird man klug. Doch es wird immer wieder Situationen geben, die absolut nicht steuerbar sind. Aber man kann die Probleme minimieren.

Der Bürger hat keine Kontrolle mehr über sein Geld. ReGIERung, Parteien, Banken, Versicherungen und Konzerne bestimmen, wer wieviel bekommt und wieviel der Einzelne behalten darf. Und der Pöbel, diejenigen, die nur abgreifen und schmarotzen, schreit begeistert: Mutti, Mutti – Hurra – Gelobt seist du und deine Verbrecherclique! Lass uns ran an deine mit Geld übervollen Brüste, die uns ernähren sollen. Dass dieses Geld zuvor den Arbeitsamen, fleißigen und gehorsamen Einfaltspinseln unter Androhung von Gewalt abgepresst wird, interessiert niemanden wirklich.

Konzerne, Arbeitnehmer, Gewerkschaften

Bei den Konzernen haben wir es im übertragenen Sinne, wie könnte es anders sein, mit einem malignen Karzinom zu tun, das sich tief in das Gewebe menschlichen Wirtschaftshandeln hinein gefressen hat. Dabei haben es diese Karzinome zu einer gewissen Meisterschaft gebracht hinsichtlich der Metastasierung politischer Entscheidungsträger. Sie steuern durch ihre massive Einflussnahme deren Handeln zu ihrem Vorteil, vergessen jedoch, dumm wie Parasiten nun mal sind, dass sie letztlich den Wirt umbringen oder dieser eines Tages wütende Gegenmaßnahmen ergreift, womit er die Schmarotzer auslöschen kann.

Diese Vorgänge sind unübersehbar. Betrachten wir nur mal die Energiebranche. Von der Politik in die „Wende" gelockt, schlägt das politisch opportune Verhalten plötzlich um, und die Konzerne haben die A-Karte. Geschieht denen jedoch Recht. Da fällt mir wieder dieses größenwahnsinnige, idiotische Projekt „Desertec" ein. Ganz vorne mit dabei die Münchener Rückversicherungsgesellschaft. Da wollten diese Burschen doch glatt in Nordafrika per Solaranlagen jede Menge Strom erzeugen, diesen dann per fetten Untersee Kabeln durch das Mittelmeer leiten, um damit halb Europa zu versorgen. Was ist jetzt Stand der Dinge? Ich höre nichts mehr davon. Die großen Energieversorger hingegen klagen gegen die ReGIERung. Es geht um Milliardensummen. Wenn die Konzerne gewinnen, ist sonnenklar, wer zu zahlen hat: der vertrottelte Bürger, der sich alles gefallen lässt.

Aber das sind ja nur Spielereien im Gegensatz zu den wirklich gefährlichen und mit gewaltiger Macht ausgestatteten, vorrangig US-amerikanischen Tumoren. Microsoft, Apple, Google, Facebook – diese digitalen Unternehmen sind die wahren Gegner. Beispiel Microsoft. Ein Wahnsinn, was hier geschieht. Dieses Unternehmen hat praktisch die ganze Welt mit seinen Produkten unterwandert. Wir sind total abhängig geworden. Wir sind ihren Interessen ausgeliefert. Nehmen wir nur mal an, die US-amerikanische ReGIERung beschließt, alle deutschen Nutzer von Microsoftprodukten auf der Grundlage ihres USA Patriot Acts als Terroristen einzustufen, weil wir nicht mehr nach der Pfeife des großen Bruders tanzen. Dann genügt aber auch eine nur geringe Einschränkung der Nutzungsmöglichkeiten von Windows, um uns fertig zu machen. Die Stadt München wechselte vor Jahren zu Linux. Merkwürdigerweise erfolgte danach wieder die Hinwendung zu Microsoft Windows. Was ist hier hinter den Kulissen geschehen? Warum dieser Wechsel? Ich habe zu keiner Zeit eine vernünftige Begründung dafür gehört. Noch etwas in diesem Zusammenhang: Wieviel Zeit hat uns dieser Produktmoloch schon gestohlen, weil er nicht so wie versprochen funktionierte?

Ein Ärgernis ersten Ranges ist die Steuervermeidung der Konzerne. Dadurch, dass sie durch ihre wirtschaftliche Größe und Macht in praktisch allen steuergünstigen Ländern Tochtergesellschaften gründen, sind sie in der Lage, Gewinne zu verschieben. Dieses Spiel treiben sie solange, bis die Milliarden unsichtbar geworden sind. Und der Finanzminister schaut milde lächelnd zu. Kapitalverkehrskontrollen wurden schon seit vielen Jahren eliminiert. Gesetzliche Regelungen werden den Wünschen globaler Konzerne angepasst. Alles Geld für die Konzerne und deren Hintermänner und die Schuldknechtschaft für diejenigen, die durch ihre Arbeit einer kleinen

Schicht wahrer Menschheitsverbrecher zu Willen sein müssen. Ich arbeite zwar für keines dieser Krebsgeschwüre, und es könnte mir gleichgültig sein, dennoch bedaure ich die Menschen, die sich angeblichen Sachzwängen anpassen, und sich in prekäre Arbeitsverhältnisse hineinpressen lassen. Reguläre Stellen wurden vor allem in den vergangenen fünfzehn, zwanzig Jahren abgebaut, durch Zeitarbeitsjobs ersetzt. Besonderes leistet hier die Politik für die Arbeitgeber. Angefangen von dem „sozialistischen" Schröder mit seinem kriminellen Spezi Hartz bis eben hin zu unserer derzeitigen Frontfrau. Wenn ich sozialistisch bei Schröder in Anführungszeichen setze, dann tue ich dies deswegen, weil ich bei Schröder nicht den Funken einer sozialen Politik erkenne, sondern vielmehr eine brutale Hinwendung zum Kapital. Es ist gut, dass er sich verpisst hat, so gut wie verschwunden ist von der öffentlichen Bildfläche, denn er ist eine absolute Schande.

Ein Skandal in Bezug auf die menschliche Arbeitsleistung ist das Schmarotzertum der Zeitarbeitsfirmen. Wie kommen diese dazu, einen nicht geringen Teil dessen, was der vermittelte Arbeitnehmer durch seine Arbeit, sein Wissen und Können erzeugt, abzugreifen. Aber speziell den

Konzernen ist diese Entwicklung nur Recht, weil sie dadurch berechtigten Ansprüchen der so eingesetzten Mitarbeiter aus dem Weg gehen können.

Die Arbeitnehmer haben doch heutzutage trotz aller gegenteiligen Beteuerungen lediglich einen verdeckten Sklaven-Status. Sie werden ausgenutzt, dass es nur so kracht. Dazu dienen fein ausgetüftelte Instrumente wie Zeiterfassungssysteme, Bonussysteme und weiteren Krimskrams aus der verblödeten Wissenschaft von der Ökonomie. Die Gewerkschaften sind keine Hilfe mehr für die Arbeitenden, denn schon längst sind sie korrumpiert worden. Sie haben nur noch Alibi-Funktion. Wo sie sich noch aufblasen, das ist beim öffentlichen Dienst. Den Zugverkehr behindern und andere solcher lustigen Spielchen, ja das können sie noch. Sie liegen satt, fett und zufrieden im kühlenden Gras, und schauen träumerisch den über sie hinweg ziehenden Wolkenbergen nach.

Warum wohl nimmt die Zahl der insbesondere an psychischen Problemen leidenden Lohnabhängigen seit Jahren exorbitant zu? Und warum geben in anonymen Umfragen zwei Drittel der

Lohnsklaven zu, die Arbeit und die Firma zu hassen, aber eben das Geld zu brauchen. Nachdem sich als beständiger Trend abzeichnet, dass auf Grund der zunehmenden Verarmung und Verschuldung der Bevölkerung zukünftig unaufhaltsame Umsatzausfälle zu erwarten sind, lässt sich das Dreigestirn aus Konzernen, denen, die über die Produktionsmittel gebieten, aus Politik und Finanzmafia, einen wahrhaft teuflischen und genialen Trick einfallen. Der geht so. Wenn der Lohnempfänger, als gleichzeitiger Verbraucher und Konsument nicht mehr in der Lage ist, ein neues Auto, einen neuen Flachbildfernseher und tausend andere Dinge aus der Hosentasche zu bezahlen, so locken wir ihn mit angeblich günstigen Krediten in die Schuldenfalle. Dadurch schlagen wir gleich zwei Fliegen mit einer Klatsche. Zum ersten bringen wir unseren oftmals unnötigen Konsummüll in wahrscheinlich noch größerem Umfang als ohne den Einsatz dieser Methode an den Konsumtrottel. Zum zweiten haben wir ihn durch die an ihm wie Pech klebenden Schulden am Arsch; er muss parieren, sonst kann er sich gleich aufhängen.

Auch wenn es viele Menschen abstreiten, nicht wahrhaben wollen, der beschriebene Zustand ist leider Realität. Diese trügerische Realität allerdings hat sich zudem derart in den Köpfen der Menschen festgesetzt, dass sie für wahr und allein seligmachend gehalten wird. Die Einpeitscher sorgen schon dafür, dass nur die wenigsten dieser verhängnisvollen Entwicklung entkommen können.

Steuern, Abgaben, Gebühren, und so weiter...

Schade, dass ich nicht mehr zusammenrechnen kann, um wieviel Geld mich während meines bisherigen Arbeitslebens der Staat, vertreten durch seine verbrecherischen Organe, bisher gebracht hat. Durch einen Raubzug, der jede mögliche von privaten Institutionen an mir eventuell begangene Tat in den Schatten stellt. Ja, Sie lesen richtig: Ich schreibe ausdrücklich „Raub". Denn es geht sogar über Diebstahl hinaus, was der Staat an seinen Bürgern verbricht. Raub von Vermögenswerten steht laut Strafgesetzbuch unter massiver Strafandrohung. Es handelt sich überdies um schweren Raub gemäß § 250 StGB, wie ihn sich hier die Untertanen gefallen lassen (müssen). Im Gesetzestext heißt es dazu: „(2) der Täter den Raub als Mitglied einer Bande, die sich zur fortgesetzten Begehung von Raub oder Diebstahl verbunden hat, unter Mitwirkung eines anderen Bandenmitglieds begeht."

Ich habe mir dieses Geschehen mal richtig auf der Zunge zergehen lassen. Im Grunde bin ich doch nur vordergründig ein Staatsbürger. Dieses Wort vermittelt fälschlicher Weise den Eindruck, ich könnte mitbestimmen, wieviel ich dem Staat und seinen Kreaturen von dem durch meine Arbeit erzielten Einkommen abgeben will. Doch ist mir diese Entscheidung und entschiedene Einschränkung meiner Freiheit schon längst aus den Händen genommen. Ich bin ebenso wie die anderen „Bürger" zum Staatssklaven mutiert. Der Staat und seine ReGIERung benutzt meine Existenz doch lediglich dazu, mich abzumelken. Mich um die Früchte meiner Arbeit zu betrügen. Ich verstehe jetzt immer besser die Einstellung vieler Menschen, sich diesem bitterbösen Schmierenstück zu verweigern, und sich lieber in die soziale Hängematte legen. Und/oder schwarz zu arbeiten. Doch das kann es auch nicht sein. Ich habe keine Lust, diese Schicht zu subventionieren. Das heißt, wie ich es mache, ist es falsch. Anders kann es wohl in einem Dreckssystem wie dem der BRD nicht laufen.

Wie komme ich denn dazu, mehr als die Hälfte eines Jahres für den Staat zu arbeiten? Ich muss verrückt sein, meine kostbare, leider begrenzte Lebenszeit auf diese widerwärtige und beschämende Art und Weise zu verschwenden. Jedes Gemeinwesen braucht Geld, um bestimmte Aufgaben erfüllen zu können. Meine Familie und ich brauchen Geld, um existieren zu können. Also muss ich dafür sorgen, dass die Grundbedürfnisse jederzeit gesichert sind. Darüber hinaus muss ich eben fleißig für die Mehrausgaben arbeiten. Ein Prinzip greift hier, welches eigentlich jeder versteht und akzeptiert. Diese Grundlage billige ich grundsätzlich auch dem Staat zu. Nur die von ihren Sklaven gefütterte Staatsbande ist hier anderer Meinung. Sie ist der Meinung, und hat diese beschissene Zumutung in langen Jahren der propagandistischen Berieselung in den Hirnen der Sklaven verankert, dass sie rechtmäßigen Anspruch auf regelrecht alles Erarbeitete hat, ohne selbst produktiv tätig zu sein. Im Gegenteil, der Staat und seine ReGIERung ist zudem eine Geldvernichtungsmaschine par excellence. Auf dem Umweg über sogenannte soziale Wohltaten und Verteilung wird dann dem einzelnen Einfaltspinsel ein gnädig gewährtes Scherflein zugestanden. Aber immer nur so viel, dass die eingeführte und bewährte Schuldknechtschaft davon unberührt bleibt.

Die Vielzahl der einzelnen Steuern ist fast nicht mehr zu überblicken. Steuern auf das Einkommen, auf Lebensmittel, Getränke, Bücher, auf Kraftstoffe, ja sogar auf Schulden, auf, auf, auf...

Der Mensch wird finanziell nur noch ausgeplündert, weil die ReGIERung selbst kein Geld besitzt. Ihr wichtigster Geschäftszweck ist jedoch Geld zur Verfügung zu haben. Nachdem sie es nicht selbst besitzt, greift sie dem Bürgerdummkopf in die Tasche, und bestiehlt ihn ganz nach Belieben. Mit dieser Methode lässt sich dann trefflich jeder Unfug und Größenwahn in der Welt betreiben und sponsern. Zur höheren Ehre der ReGIERungsmitglieder. Doch das reicht noch nicht. Schulden werden noch aufgehäuft. Ganze Gebirge sind inzwischen entstanden, die uns erdrücken und letztlich erschlagen werden. Aber was juckt das denn die Herrschaften? Sie haben gar vortrefflich für sich und ihre Bande vorgesorgt. Natürlich auf Kosten der arbeitenden Bevölkerung.

Besonders heimtückisch geht der Staat beim Erfinden zusätzlicher Abgaben und Gebühren über die klassische Steuerlast hinaus ans Werk. Nehmen wir nur die Ausstellung eines Personalausweises, dessen Besitz der Staat sogar exemplarisch vorschreibt. Man sollte meinen, dass dieser Ausweis dann auch kostenfrei zur Verfügung gestellt wird. Nichts da, das kostet. Und zwar im Verhältnis zum Gebotenen nicht gerade wenig.

Noch besser wird es beim Reisepass. Der Bürger muss dafür ordentlich berappen. Der Pass hingegen geht nicht in sein Eigentum über, vielmehr verbleibt dieses beim Staat. Diese Tatsache hingegen ist symptomatisch für das komplette Verhältnis zwischen Bürger und Staat. Der Staat nimmt rücksichtslos konstant höhere Anteile am Volkseinkommen für sich und seine willkürlichen Ausgaben in Anspruch, fährt aber auf der anderen Seite permanent seine eigentlichen Aufgaben zurück. Das bedeutet doch, dass das Geld der Bürger sinnlos verblasen wird. Oder in die eh schon prall gefüllten Taschen einer gewissen Schicht wandert.

Was ist schlimmer: ein räuberischer Staat, der sogar noch den wenig Verdienenden Steuern auferlegt oder ein Steuerhinterzieher? Nach meinem moralischen und ethischen Verständnis ist das staatliche Handeln eindeutig und grundsätzlich verwerflicher. Staat, ReGIERung und Parteien haben es darüber hinaus geschafft, den Neidkomplex bei Otto Normalverbraucher auszubauen. Diesem wird von den vermeintlichen Inhabern des Staatsgebildes eingeflüstert, dass Steuerhinterziehung und in seinem Gefolge der „Steuersünder" verbrecherisches Tun an den

Tag legen. Denn sie „bestehlen" die Gemeinschaft. Hä? Es ist doch wohl genau umgekehrt: Die Gemeinschaft, vertreten durch die Parasiten, versucht denjenigen zu bestehlen, der fleißig war, der sein Gehirn zur Mehrung seines persönlichen Wohlstands eingesetzt hat. Wem nutzt also diese auf den Kopf gestellte Behauptung. Doch ausschließlich dem ReGIERungsmoloch und seinen Verwandten. Stellen wir uns bloß mal vor, die Steuern würden stark einbrechen oder es gäbe kein Steueraufkommen mehr. Woher wohl sollten die Staatsgangster ihre fetten Bezüge nehmen? Die moralische Höchstentrüstung der Politiker und ihre Hetzkampagnen werden unter diesen Umständen verständlich. Es geht schließlich um ihre Pfründe, und die werden sie um keinen Preis beeinträchtigen oder sich sogar wegnehmen lassen.

Besonders am Thema Steuern und Abgaben sehe ich deutlich das wahre Gesicht des Staates heutiger Prägung in der BRD. Dieses System ist zutiefst asozial. Es wird beherrscht vom Parasitentum, das sich im persistenten Kampf um die Steuerbeute austobt. Dass damit eine horrende Verschwendung von Ressourcen einhergeht, ist diesen Lebensfeinden vollkommen egal. Dieser

Form eines Staates bedürfen wir wahrlich nicht. Es ist allerhöchste Zeit, gerade im Hinblick auf dieses Thema wieder Gerechtigkeit einzufordern und auf deren Verwirklichung zu bestehen. Bedingungslos zu verwirklichen.

Asylsuchende, Flüchtlinge

Eins möchte ich gleich vorab klarstellen. Ich kann weder die sogenannten Gutmenschen noch die der braunen Ideologie zugewandten Menschen leiden. Beide Lager gehören dem Extremismus an. Ich will und brauche sie nicht. Doch angesichts dessen, was sich seit einiger Zeit „in diesem unseren Land" abspielt, stößt mich gewaltig ab und, ich gebe es ja zu, verursacht bei mir Angst vor der Zukunft. Ich spreche von der Springflut fremder, andersdenkender, anders handelnder, unkultivierter und teils gewalttätiger religiöser Ideologie anhängenden Menschen, die sich in unser Land ergießt.

Es gibt zu allen Zeiten Menschen, die aus echten Gründen Asyl in einem für sie fremden Staat suchen müssen. Weil sie sich gegen ein mörderisches Regime stellen. Weil sie sich angesichts dieser Situation entscheiden müssen, ob sie so weit gehen wollen, ihre Gesundheit und ihr Leben für ihren Widerstand zu opfern oder sich ihrer Verantwortung für das eigene Leben bewusst sind, und es erhalten wollen. Diese Menschen können uns nur willkommen sein. Wir haben die Pflicht, sie aufzunehmen und zu schützen. Das hat darüber hinaus die positive Signalwirkung auf uns, unseren Blick auf die Verhältnisse im eigenen Land zu schärfen. Asylgewährung empfinde ich deshalb als ein unveräußerliches, kostbares Menschenrecht.

Was sich hingegen derzeit abspielt, hat mit Asylsuchenden und Asylgewährung so gut wie nichts zu tun. Ich spreche es offen aus: Es handelt sich bei den allermeisten in unser Land einströmenden Menschen um Flüchtlinge, denen es lediglich darum geht, ihren wirtschaftlichen Status zu verbessern. Und das auf Kosten der einheimischen Bevölkerung, die den vorhandenen „Reichtum" angehäuft hat. Freilich ist es angenehmer, daran zu partizipieren, als durch harte Arbeit der eigenen Hände sich Wohlstand zu verschaffen. Ich erinnere mich sehr gut daran, dass schon seit etlichen Jahren von kompetenter Seite vor der Wanderung armer Flüchtlinge gewarnt wird. Speziell Armutsflüchtlinge vom afrikanischen Kontinent werden Europa überschwemmen. Nun, es ist so weit, die Anfänge sind gemacht. Und wieder einmal tun unsere Staatsprotagonisten so, als wären sie überrascht worden von der Entwicklung. Wie gehabt wissen sie von nichts, und haben nicht vorgesorgt. Sie kotzen mich unendlich an. Merken Sie nicht, dass sie sich mit ihrem Verhalten ein denkbar schlechtes Zeugnis ausstellen, und meine Meinung über ihre Kaste dadurch kräftig bestätigen? Ihre verdammte Pflicht und Schuldigkeit ist es, den Anfängen zu wehren. Das was jetzt und in der nächsten Zukunft abläuft, ist ein Pseudo-Humanismus angesichts der Masseneinwanderung. Täglich strömen Abertausende an Flüchtlingen in unser Land. Scheren sich nicht um Gesetze. Weil sie wissen, dass wir inzwischen zu Luschen, unsäglichen Feiglingen mutiert sind, mit denen sie so wie sie es tun, umspringen können. Inzwischen ist sogar eine bejubelte Strömung entstanden, die den Bürger dazu auffordert, unsere Gesetze zu missachten, zu brechen. Alles um noch mehr Flüchtlinge einzuschleusen. Denn diese haben ja ein „Recht" darauf, hier mit Pomp und Posaunen aufgenommen zu werden. Stichwort Recht: Wie dreist viele der Flüchtlinge ihr vermeintliches Recht einfordern, sehe ich allein schon an der Tatsache, wie sie sich über den ihnen angebotenen „Fraß" beschweren. Und die darauf bestehen, dass die von ihnen verursachten Verunreinigungen im hygienischen Bereich von uns beseitigt werden. Ja, hallo, wo sind wir denn? Oder dass ihnen keine Neubauwohnung inklusive Einbauküche zur Verfügung gestellt wird. Das empfinde ich als eine Unverschämtheit sondergleichen. Welche Menüs werden denn unseren einheimischen Obdachlosen angeboten? Menschen, die oftmals einen relativ kleinen Fehler gemacht und dadurch von der Gesellschaft an den Rand der Existenz gedrängt, ausgegrenzt werden. Wie leben diese denn? Sie schlafen im Park hinter Büschen, die ihnen einigermaßen als Sichtschutz dienen, damit sie nicht jedermann begaffen kann. Die Obdachlosen sind weiten Teilen der Bevölkerung nur lästig.

Mit welchem „Recht" fordern nun die eingeströmten neuen Obdachlosen hier eine andere Behandlung ein? Denn Obdachlose, das sind sie zunächst, die sich freiwillig und aus eigenem Antrieb auf den Weg ins reiche Abendland gemacht haben. Ich fordere nicht mal Dankbarkeit ein, sondern lediglich Anerkennung. Aber selbst an dieser fehlt es weitgehend.

Wer sind nun diese Flüchtlinge? Überwiegend junge Männer von geschätzt 15 bis 35 Jahren. Also genau diese Bevölkerungsgruppe, die sich in ihrem Heimatland nützlich machen kann. Die die Kraft für Aufbauarbeit haben. Veränderungen hin zum Positiven gestalten können. Ja, Pfeifendeckel, das sollen mal deren Frauen, die Alten und die Kinder tun; selbst verpisst man sich lieber nach Europa. Dort lebt es sich dank großzügiger staatlicher Unterstützung und mit Hilfe der Flüchtlingsindustrie in Saus und Braus. Ich verstehe diese Leute durchaus, kann sie aber keinesfalls in ihrem fehlgeleiteten Anspruch unterstützen. Welche Arbeit wollen wir diesen Menschen denn geben? Sie haben sehr oft keinen Schulabschluss, geschweige denn einen Berufsabschluss. Wollen wir sie alle als Straßenkehrer mit Besen und Schaufel bewaffnet einsetzen? Schon jetzt leidet insbesondere das südliche Europa unter einer beängstigend hohen Zahl arbeitsloser junger Menschen. Da brauchen wir anscheinend noch diesen zusätzlichen Zündstoff, den diese Menschen leider darstellen. Dieses Spiel mit dem Feuer wird nicht lange gutgehen, vielmehr wird es zum Flächenbrand führen. Während ich diese Zeilen schreibe, sehe ich kurz zum Fenster hinaus. Welches friedliche Bild sich mir da bietet. Doch das ist nur der Schein. In der Realität rollt eine mächtige Gefahr auf uns alle zu. Zivilcourage und tätiger Einsatz ist angesagt, Dänemark und Norwegen machen es uns bereits vor.

Wenn, wie es derzeit aussieht, in einem Jahr eine Million oder mehr Flüchtlinge in unser Land strömen, was machen wir dann mit ihnen. Wo bringen wir sie unter? Solange es draußen warm und trocken ist, mag die Unterbringung in Zelten oder einfachen Containern noch angehen. Aber dies gilt auch nur für eine begrenzte Zeit. Lasst mal einen harten, langen Winter kommen. Was dann? Kommt dann die zwangsweise Einquartierung bei der einheimischen Bevölkerung? Diese Menschen wollen auch nicht irgendwo in der Prärie wohnen, sondern dorthin, wo sich etwas rührt. Das sind nun mal die übervollen Städte. Es kann nicht anders kommen, als dass der Verteilungskampf um günstige Wohnungen noch mehr angeheizt wird. Die Formel lautet dann: Flüchtlinge gegen den Staat, der Staat gegen die Stadt und die Stadt gegen die Einheimischen. Da kann die Stimmung nur kippen und es kracht gewaltig.

Dieses Szenario wird mit jedem Tag wahrscheinlicher. Warum? Weil sich immer mehr Flüchtlinge ins vermeintliche Paradies aufmachen. Unser Handlungsspielraum verengt sich zunehmend. Nur eine konsequente, abweisende Politik kann helfen, die Flüchtlingsströme zu unterbinden, oder zumindest einigermaßen zu kanalisieren. Es geht doch. Australien, Dänemark, Norwegen und sogar die USA machen es uns vor.

Nicht unerwähnt bleiben sollen einige herausragende Köpfe, die das Lied von der übergroßen Zuneigung für alle Flüchtlinge singen. Da gibt es doch tatsächlich Idioten aus dem klerikalen Bereich, die den Flüchtlingen eine neue Heimat schenken wollen. Einfach so. Pauschal. Du einheimischer Hohlkopf hingegen arbeite, halt dein Maul und zahle! Wir, ausschließlich wir wissen, was gut und richtig ist. Wenn es darum geht, Kosten und Umfang der Leistungen auf den Staat und vor allem seine Bürger abzuwälzen, dann stehen diese Psychopathen in vorderster Reihe der Blökenden. In Zeiten schlimmer Verfolgung haben sich diese nach eigenem Dafürhalten „göttlichen" Instanzen lieber schön bedeckt gehalten und mit den Machthabern gekuschelt, denn ihre Schäfchen beschützt; diese sind zur Abzocke bestimmt und werden bei Bedarf eben geschlachtet.

Ja, und dann gibt es einen gaaanz berühmten deutschen Schauspieler, der, weil er nicht postwendend für seine geniale Idee einer Flüchtlings-Luxus-Unterkunft in den Himmel gelobt wird, auf die ihn kritisierenden scheißt. Dass sie daran beteiligt waren, ihm ob seiner „Schauspielkunst" Millionen Euro zu verschaffen, interessiert ihn nicht. Na, bravo!

Die Krone setzt dem allem unser Bundespräser auf. Er macht es sich leicht, faselt von der ewigen Schuld der Deutschen, und hält dadurch den Schuldkomplex nicht nur am Kochen, sondern verstärkt ihn über seine Propagandasender zusätzlich. Die Deutschen glauben diesen Unfug inzwischen, weil er ihnen seit Jahrzehnten eingeimpft wird.

Ich fürchte, dieser ganze uns permanent vorgesetzte Sozialmist, dieses Denken und Handeln, wir wären für das Leid der ganzen Welt zuständig, wird uns noch höllische Schwierigkeiten bescheren. Die Bankenmafia saugt ohne Unterlass unser Geld ab, der Staat plündert mit immer höheren Quoten unsere finanziellen Möglichkeiten und unser Vermögen. Und zu diesen kriminellen Organisationen gesellt sich nun die Migrationsindustrie hinzu. Nur ein Dummer kann noch abstreiten, wohin das führt. Angesichts der brutalen Bevölkerungsexplosion auf der Erde ist auch kein Ende der Völkerwanderung abzuse-

hen, wenn nicht rechtzeitig konsequent gegenge-
steuert wird. Damit ist bei der derzeitigen Re-
GIERung jedoch nicht zu rechnen. Fazit: Keine
erfreulichen Aussichten! Diese grundsätzlich
gegen die Interessen der Bürger handelnden Ma-
rionetten der ReGIERung müssen weg! Ansonsten ersticken und ersaufen wir in deren Abson-
derungen.

Medizinwirtschaft, Pharmaproduzenten

Obwohl ich mir sehr Mühe gebe, meinen Körper und meine Psyche so wenig wie möglich in die krallenartigen Hände der Weißkittel zu geben, bleibt es doch manches Mal nicht aus sie aufzusuchen, weil sie das Monopol für gewisse Tätigkeiten haben. Pech für mich, dass ich mit dieser Vorgehensweise regelrecht Geld wegwerfe. Nämlich das erhebliche Scherflein, das ich an die Krankenkasse abdrücken muss. Nähme ich in wesentlich größerem Ausmaß das System in Anspruch, so könnte ich vermutlich eine ausgeglichene Gewinn- und Verlustrechnung aufmachen. Das ist zwar ärgerlich, aber das weitaus üblere Ärgernis ist die Behandlung, wie sie inzwischen von der Mehrzahl der Ärzte betrieben wird. Der Mensch ist in ihren Augen erstens ein Begriff, der pauschal Patient genannt wird. Zweitens erfolgt zur feineren Unterscheidung ein Hinweis, welcher Art der Patient zuzuordnen ist, beispielsweise ist der Leberkranke abwertend nur noch „die Leber". Der Mensch wird weitestgehend seines Menschseins entkleidet, und zu einem Produkt degradiert, das es zu bewirtschaften gilt. Deshalb schreibe ich ja auch in der Überschrift von der Medizinwirtschaft. Die Behandlung eines sich unwohl oder krank fühlenden Menschen wird anschließend an Maschinen delegiert. Diese sagen dem Maschinenführer dann, was er zu tun hat. Besonders schlimm ist dieser Zustand inzwischen in den Krankenhäusern, wo sich gerade die jungen Ärztinnen und Ärzte einer arroganten Art gegenüber dem gehandikapten Menschen befleißigen.

Ist der maschinelle Befehl soweit ausgeführt, wird der Patient mit Spritzen, Pillen und Tabletten bis zur Oberkante Oberlippe abgefüllt. Das sei notwendig, unabdingbar, wie es die im Hintergrund handelnden Pharmahersteller suggerieren. Ich habe über längere Zeit Ärzte in Gespräche über medizinische Präparate verwickelt. Die von ihnen vorgebrachte Argumentation bezüglich der Wirksamkeit und des Nutzens des jeweiligen Pharmazeutikums deckte sich überwiegend mit den Angaben der Hersteller auf deren Webseiten. Also wird lediglich nachgeplappert, was den Ärzten bereits mundgerecht aufbereitet wird. Wie sollte es auch anders sein – kein Arzt kann normalerweise nachprüfen, welche Wirkung die einzelne Arzneidroge tatsächlich aufweist. Aus gutem Grund verhalten sich Ärzte abweisend, sobald der Patient tiefer in die Problematik einsteigen möchte und deshalb das Gespräch mit ihm sucht.

Zwei Abteilungen der Medizinkunst stechen in ihrer Negativität speziell hervor. Es sind dies die Zahnärzte und die Psychologen und Psychiater. Erstere betreiben ein Handwerk, in dem sich meines Erachtens überdurchschnittlich viele Pfuscher bewegen. Hingegen sind sie jedoch auch überdurchschnittlich fix beim überdurchschnittlichen Abkassieren des Patienten. Ihre Forderungen treten sie unverzüglich, also bevor die Patienten auch nur ihren Mund zur Behandlung geöffnet haben, an Inkassounternehmen ab. Dieses Vorgehen wird dem Patienten verschämt im Kleingedruckten untergejubelt. Fragt dieser nach dem Sinn, so wird beschönigend erklärt, das sei eben so üblich. Erkennt der Patient zu spät, dass der Zahnarzt Pfusch geliefert hat, darf er sich mit dem Dritten herumschlagen. Der Zahnarzt grinst, reibt sich die Hände, und kauft sich seinen ersehnten Sportwagen.

Die anderen, die sich mit der Psyche beschäftigen sind bedauerlicherweise oftmals selbst Bedürftige. Sie veranstalten mit dem Patienten Onkel Sams Märchenstunde, ziehen die abenteuerlichsten Behauptungen aus dem Hut, und verwirren den Patienten oft über das zuträgliche Maß hinaus. Zur Abrundung der Behandlung gibt es aber selbstverständlich ein Leckerli, insbesondere bei Depressionen. Drogen, im Sprachgebrauch der Mediziner und der Pharmaindustrie allerdings vornehm Therapeutikum genannt. Der Patient kennt sie als Antidepressiva. Diese schönen bunten Kapseln stellen die Menschen ruhig, sorgen dafür, dass sie trotz ihrer Krankheit schön brav weiter arbeiten gehen, den Konzernen weiterhin mächtig Gewinn bringen. Wenn sich dieser Mensch dann nach längerer Zeit aus eigener Kraft erholt und das Tal der Tränen verlassen hat, will er die Droge loswerden. Das aber ist mit oftmals erheblichen Nebenwirkungen verbunden. Regelrechte Stromschläge im Gehirn treten auf, und es dauert geraume Zeit, bis der Mensch wieder erkennt, wer er eigentlich ist und was mit ihm geschehen ist.

Was ich grundsätzlich an diesem faulen System kritisiere, ist die Tatsache, dass sogar zunehmend nur an den Symptomen, an der Oberfläche herumgedoktert wird. Ja nicht in die Tiefe gehen, um die Ursache eines Leidens aufzuspüren und es dadurch zu beseitigen. Damit meine ich aber nicht die Vorgehensweise, wie sie viele Chirurgen praktizieren, nämlich in der Tiefe des Körpers schneiden und am Körper herumschnippeln. Ich meine, es gilt ohne Hektik und Überheblichkeit in Zusammenarbeit mit dem kranken Menschen Ursachenforschung zu betreiben. Aus dem erkannten Ergebnis heraus lässt sich dann der richtige Weg zur Gesundung einschlagen. Freilich ist dieser Prozess sehr komplex, weshalb ihn wohl die Ärzteschaft zu gehen scheut. Es ist viel bequemer und ertragreicher, eine schnelle Diagnose zu stellen und den Patienten mit einigen Schachteln Pillen und Tabletten wieder nach Hause zu schicken mit dem Hinweis, sollte keine Besserung des Befindens eintreten, man dann eben andere Giftpülverchen verwenden müsste. Aber zunächst probieren wir es mit dem Verschriebenen. Und der Patient trabt brav mit seinem „Rezept" zur nächsten Giftverteilungszweigstelle, im allgemeinen Sprachgebrauch auch Apotheke genannt, um sich seine Ration abzuholen. Kaum hat er zwei Tage lang sich diese Heilversprechen in Tablettenform eingenommen, wird ihm furchtbar schlecht, und er schmeißt dieses Zeug in den Müll. Postwendend steht er wieder beim Arzt seines Vertrauens auf der Matte, der aus der unendlichen Vielzahl der Präparate und Pülverchen bestimmt eines findet, das jetzt der Krankheit den Garaus macht. Keiner der Beteiligten nimmt hierbei Rücksicht darauf, dass der Mensch oftmals zehn verschiedene Präparate in sich aufnimmt, die sich in ihrer Wirkungsweise konterkarieren. Wie soll er da gesunden? Das geht nicht. Diese Tatsache jedoch anzuerkennen, dazu sieht sich die Medizinwirtschaft außerstande. Warum sollte sie dieses lukrative Prinzip auch ändern wollen? Es wäre die ultimative Katastrophe sowohl für die Ärzteschaft und die Pharmaindustrie als auch für die Krankenkassen. Letztere nennen sich seit einiger Zeit Gesundheitskassen, unterstützen nach wie vor jedoch die (meistens wirkungslose) Behandlung aus schulmedizinischer und damit dogmatischer Sicht heraus. Dieses fein austarierte System muss im Kern erhalten bleiben, der Mensch krank bleiben, ansonsten er keinen wirtschaftlichen Nutzen mehr abwirft. Das Heilsversprechen der Medizinwirtschaft ist unhaltbar, weil eine Fata Morgana.

Sonstiges

Ich muss noch kurz auf eine Entwicklung eingehen, die mir insofern Sorgen macht, weil sie meine Töchter betreffen könnte. Es sind die Pläne der Sozen-Oberschwester Manuela Schwesig, Ministerin der BRD-ReGIERung für Familie, Senioren, Frauen und Jugend. Schön stramm auf die Interessen des Kapitals und der Konzerne ausgerichtet, hat sie sich zum Ziel gesetzt, die Familie als solche immer mehr auszuhöhlen und deren Kinder schon von klein auf in sogenannten Kitas zu indoktrinieren. Dazu werden die Kitas erheblich ausgebaut. Endziel ist wahrscheinlich, die Babys von den Eltern bereits nach acht Wochen (analog zu den Gepflogenheiten beim Verkauf von Tierwelpen) in die Kitas zu verlagern. Allenfalls über Nacht oder am Wochenende dürfen die Kleinkinder dann wohl zu ihren Erzeugern. Dass die Kinder ihren Eltern und ganz speziell ihrer Mutter entfremdet werden, ist anscheinend mit eingeplant. Ich sehe mal in die Zukunft. Es wäre dann möglich, den Eltern bei Unbotmäßigkeit dem Staat oder dem Arbeitgeber gegenüber ihre Kinder vorzuenthalten; die Eltern also regelrecht zu erpressen, sich genau nach den Vorgaben zu verhalten. Wieso erinnert

mich das so fatal an die glorreiche Deutsche Demokratische Republik? Auch dort fanden An-
strengungen statt, nicht nur den Mann in Arbeit
zu halten, sondern zusätzlich auch die Frauen
dem Produktionsprozess zu unterwerfen. Schon
an diesem Detail kann man erkennen, dass die
BRD sozialistisch geworden ist. Aber ist es ein
Wunder bei der unsäglichen Person an der Spitze
der BRD? Nein, es ist vielmehr die ganz natürli-
che Folge.

Die von Frau Schwesig gefahrene Politik ist auch
eindeutig gegen die Frauen gerichtet. Statt dass
sich die Frauen eigenverantwortlich dafür entscheiden können, ob sie ihr Kind zumindest die
ersten Jahre liebevoll aufzuziehen oder „Karriere" machen wollen, werden sie mit oberfaulen
Argumenten hin zur Karriere gedrängt. Ihre na-
türliche Hinwendung zu fraulichem und mütter-
lichem Handeln soll unterbunden werden. Die
Frau der Zukunft hat zu gebären, um sich anschließend sofort wieder den Interessen des Staates, des Kapitals und der Konzerne zur Verfügung zu stellen. Diesen Weg zu gehen, heißt die
Lebenspartnerschaften zu zerstören und eine
kaputte Gesellschaft zu erzeugen. Sowohl Frau

als auch Mann werden dadurch zu Steuerzahlern und Konsumenten degradiert.

Noch ein Wort zur Religionsausübung. Mich stört es nicht, wenn Muslimas in der Öffentlichkeit ein Kopftuch tragen. Sollen sie doch, wenn sie es richtig finden, dass sich darunter eventuell unappetitliche Zustände breit machen. Auch die katholischen Ordensschwestern tragen ihren Kopf verhüllt. Und was ist mit den Männern, die Hüte tragen? Also ich denke, hier sollte man die Kirche im Dorf lassen, mit einer Ausnahme: Schon aus Sicherheitsgründen ist es nicht hinzunehmen, wenn sich Menschen hinter einer Burka mit Sehschlitz verstecken. Was ist, wenn sich nicht eine friedliche Frau dahinter verbirgt, sondern ein bewaffneter Attentäter. Ich kann mir sehr gut vorstellen, dass dies bei aller Scham bei den Männern letztlich doch als ideale Tarnung begriffen wird.

Was den Genderwahnsinn anbetrifft, so kann ich diese Entwicklung nun wirklich nur als Ausdruck kranker Gehirnfickerei bezeichnen.

Mein „Ärger" endet bei den besonders bunten Mitbürgern. Den Schwulen. Es steht niemandem und dementsprechend auch mir nicht zu, deren Präferenz zu beanstanden. Was mich aber schon etwas stört, aber keineswegs ärgert, ist die oftmals lärmende Zurschaustellung ihrer Lebensform. Und ich finde es nicht angemessen, sondern eher peinlich, wenn anlässlich einer Parade der Oberbürgermeister mitmarschiert. Macht er das auch bei anderen Minderheiten? Warum werden die Schwulen von politischen Mandatsträgern so bevorzugt? Ich wünsche mir, dass diese ganzen Spektakel wieder auf ein vernünftiges Maß zurückgefahren werden.

Zusammenfassung

Ich habe es gründlich satt,
ich habe die Schnauze gestrichen voll,
dass mich dieser Staat, vertreten durch Kanaillen, die alle besser wissen wie ich leben will, bevormundet und letztlich entmündigen will und mich überdies finanziell ausplündert. Diese hinterfotzigen Typen, die mich schmierig grinsend oder stirnrunzelnd mit salbungsvollen Worten hintergehen, um ihre Pfründe zu sichern und auszubauen soll der Teufel holen.

Wir sind schon wieder soweit, dass der Staat darüber entscheidet, wer durchatmen darf und wem nur das lebensnotwendige Minimum an finanziellem Sauerstoff zugestanden wird. Das Dritte Reich lässt grüßen. Politische Korrektheit und der Genderwahn haben inzwischen religiösen Charakter angenommen. Meine Freiheit wird Stück für Stück begrenzt, meine Rechte als Bürger ausgehebelt. Die EU ist das Instrument, mich und alle Bürger zu vergewaltigen und in ein geistiges Gefängnis zu sperren. Zum Vorteil einer begrenzten Anzahl Mächtiger auf dieser Erde. Sie können jedoch nicht alle sieben oder acht Milliarden Menschen nach ihrer Pfeife tanzen lassen, wenn diese Menschen oder nur ein Teil von ihnen sich nicht versklaven lassen und ihre Wut gegen diesen schändlichen Plan laut hinaus-schreien.

Banken können treiben, was immer sie wollen – sie werden von diesem Gesindel auch mit mei-nem Geld gerettet, weil sie ja systemrelevant sind. Großkonzerne unterschlagen Milliarden an fälligen Steuern und werden steuerlich zudem begünstigt – dem kleinen Angestellten und Ar-beiter wird die Steuer schon an der Quelle ge-raubt; er wird nicht mal gefragt, ob ihm das passt oder ob er Einwände dagegen hat. Arrogant heißt es dann, das sei eben alternativlos. Die Herrschenden sind außer Rand und Band gera-ten; sie sind verrückt geworden. Ich habe deshalb jedes Recht, ja sogar die Pflicht wütend zu wer-den und zu sein. Ich darf offen, spontan und ehr-lich sagen, was ich denke. Ich muss nichts durch einen Filter im Kopf laufen lassen. Dadurch ent-stehen auch keine Rückstände, die sich aufstauen und mich krank machen, vergiften. Ich lasse mich aber nicht mehr vergiften, ich will nicht krank werden. Ich wehre mich! Ich sage laut und deutlich, was mir zuwider ist. Zum Ärger derer, die mich bevormunden wollen. Die mich in ihren abartigen Plan zwingen wollen. Die Zeit der Herrschaft der drei Affen ist abgelaufen; nichts hören, nichts sehen, nichts sagen gilt nicht mehr! Ich bin aufgewacht, und nehme meine Verantwortung für mich selbst wahr.

Ich halte es mit dem Alten Fritz, Preußens König Friedrich der Zweite:

Ich will der erste Diener meines Staates sein. Dankbarkeit gegen sein Volk ist die erste Tugend eines Monarchen.

In meinem Staate kann jeder nach seiner Fasson selig werden.

Eine Regierung muss sparsam sein, weil das Geld, das sie erhält, aus dem Blut und Schweiß ihres Volkes stammt. Ein unterrichtetes Volk lässt sich leicht regieren.

WIR MÜSSEN…! MÜSSEN WIR?

Es sind erst einige Wochen vergangen, seit ich mir mit meiner Streitschrift einigermaßen Luft über die Zustände in diesem Land gemacht habe. Ich dachte, jetzt wird wohl eine Zeit der Ruhe und des Nachdenkens bei allen Seiten einkehren. Pfeifendeckel – grundfalsch gedacht. Ich gestehe, ich bin ein Trottel. Anscheinend kann auch ich es nicht lassen, blauäugig an den winzigen Rest des Guten, des Verstandes und der Vernunft zu glauben, der letztlich eigentlich jeden Menschen auszeichnet. Nicht jedoch die Politbagage! Was diese verbockte Gruppe auszeichnet, ist ihre anscheinend unstillbare Sehnsucht nach Zerstörung bestehender bewährter Strukturen, der Weiterentwicklung des Menschen und Vernichtung seiner angestammten Kultur.

Denn ich höre verstärkt nur noch deren widerwärtiges Geheule: „Wir müssen…" Heute müssen wir dieses, morgen jenes. Es geht hierbei in dem stammelnd vorgetragenen Blabla mal um Nichtigkeiten, vorgetragen durch Minister, deren Ego genauso aufgebläht wie ihr Körper ist, oder graugesichtige Ministerinnen, welche den Schwachsinn hochpeitschen , um das Volk weiter zu verblöden, und dann, ja dann geht es um gesellschaftspolitische Belange, die die Sprengkraft einer Atombombe in sich tragen. Folgerichtig wird dem Volk im Vorfeld das bewährte „Wir müssen..." präsentiert. Also ergießt sich über den gleichgültigen Michel eine Tirade verwirrender Aussagen. So kann dieser gar nicht klar erkennen, wer jetzt was müssen soll. Dies ist beabsichtigt. Diese Phrasendrescherei unserer heuchlerischen und verlogenen Politkaste geht mir gehörig auf die Nerven. Pausenlos wird da gedröhnt und vor allem durch die staatlich mit dem uns abgepressten Geld am Leben gehaltenen Propagandasender zu praktisch jedem gesellschaftlichen Thema die Leierkastenmelodie „Wir müssen..." bis zum Erbrechen gespielt.

Angefangen vom in der Wolle gefärbten sozialistisch-diktatorisch handelnden Berliner Politbüro mit den außer Rand und Band geratenen Staatsfeinden Nummer eins Merkel, Nummer zwei Gauck, Nummer drei Schäuble und der neu hinzugekommenen Nummer vier Gabriel über die Politgangster in den Parteien bis herunter zu den LänderreGIERungen und sogar bis in die Kommunen singt diese Clique ihr Lieblingslied „Wir müssen…". Ja, wer muss denn was müssen? Die Politiker, die richtige und vernünftige, am Wohl des Volkes orientierte Entscheidungen treffen müssen? Oder sind wir, die in immer stärkerem Maße ihrer persönlichen Freiheit beraubten Bürger diejenigen, die etwas „müssen"? Wir können sicher sein, dass wir Bürger gemeint sind, die „müssen". In jeder Hinsicht. Denn die Parteibonzen, die ReGIERungsmitglieder und all das Gesocks wissen alles besser; sie sind unser Vormund. Dieses" wir müssen" dient explizit dazu, uns deren Verständnis von Recht und Unrecht einzuimpfen. Sie meinen es ja nur gut mit uns, wie sie gebetsmühlenartig leiern und wollen uns ja nur zu besseren Menschen und gläubigen, nicht widersprechenden Staatsuntertanen erziehen. Weil es für uns doch viel besser ist, eigenes und womöglich kritisches Denken bei der nächstliegenden Behörde abzugeben. Keine Branche ist derzeit mit größerer verbrecherischer Massivität zugange, als die politische.

Den Vogel abgeschossen, und atomar gezündelt hat nun in jeder Beziehung unsere hochverehrte, hochwohllöbliche Frau Bundeskanzlerin, Bewahrerin des Glücks und der Menschenrechte. Allerdings, damit kein Irrtum entsteht, handelt es sich hier nicht um uns betreffende Menschenrechte, sondern vielmehr um die aller anderen Erdbewohner. Ob wir Bürger des immer noch besetzten Landes namens Bundesrepublik Deutschland Menschenrechte haben oder nicht haben, das bestimmen die Berliner Politganoven mit dieser unsäglichen Frau an der Spitze. Ziemlich genau fünf Jahre ist es jetzt her, dass dieses Nussknacker Gesicht wortwörtlich auf dem Deutschlandtag der Jungen Union in Potsdam sagte: „Der Ansatz für Multikulti ist gescheitert, absolut gescheitert!" Im Jahr 2012 hieß es zudem noch von ihr: „Wir haben inzwischen mehr Migrantinnen und Migranten, die einen Schulabschluss machen. Es sind aber immer noch zu viele, die keinen machen." Doch in diesen Tagen ergeht die deutliche Aufforderung und Einladung pauschal an alle Menschen dieses Erdballs, im Falle von Unlust in ihrem angestammten Land in die reiche BRD zu kommen. Hier gibt es alles umsonst zum täglichen Leben, und weil es so schön ist, diese Horden aufzunehmen, bekommen sie auch postwendend neben Geld und anderen Zuwendungen ein Haus zur Verfügung gestellt. Laut der ehrenwerten Frau Bundeskanzlerin gibt es keine Obergrenze für die Zuwanderung dieser

Armee von hochqualifizierten Fachkräften. Es ist rührend, wie sich Mutti Wange an Wange mit einem der dringend benötigten Flüchtlinge per Selfie ablichten lässt. Dieses Bild wird bestimmt mit Freudengeheul in der fernen Heimat dieser Menschen aufgenommen; es brennt sich in deren Gehirne doch förmlich ein. Die nächsten Millionen kulturfremder Menschen packen ihre Taschen. 20, 30 vielleicht 100 Millionen wollen der Armut in ihren nord- und mittelafrikanischen Siedlungsgebieten entfliehen. Wenn sich diese bisher noch nicht sicher waren, wo die Reise letzten Endes hingehen soll – jetzt wissen sie es dank der Informationen, die ihnen durch ihre Smartphones sogar mit Bild und Ton hautnah vermittelt werden.

Ist die Alte in Berlin bekloppt, ein solch verheerendes Signal speziell an die muslimische Welt zu senden? Hat schon einmal jemand von uns einheimischen Bürgern gesehen, dass sie diese Zuneigung auch uns entgegen bringt? Ihrem Volk, dem auch sie eigentlich angehört? NEIN! Denn diese Frau gehört nicht zu Deutschland; sie ist ein geschichtlicher Makel, ebenso, wie es Adolf Hitler war. Warum nur haben wir Deutschen immer wieder so viel Pech mit denen, die wir an die Spitze des Staates lassen. Vielleicht ist die richtige Antwort die, dass wir gutmütige, arbeitsame Menschen sind. Nur diese Schicht lässt sich problemlos bis ans Ende der Welt missbrauchen. Ist Merkel entweder grenzenlos dumm, und sieht nur bis zur Spitze ihrer Schuhe oder steckt womöglich ein bösartiger Plan dahinter?

Doch in der Flüchtlingsfrage hat Merkel die Rechnung ohne den schlauen Horst gemacht. Der gestandene Bayer hat sogleich erkannt, welcher Trumpf ihm da zugespielt wird. Und zwei Tage nach Merkels katastrophalem Dummquatsch werden deshalb die Grenzen „dicht" gemacht. Ungarn lässt grüßen, aber nur ein bisschen. Denn das, was beispielsweise an der bayerisch-österreichischen Grenze bei Freilassing veranstaltet wird, ist reine Augenwischerei. Es dient ärgerlicher Weise nur dazu, den Verkehr zwischen Deutschland und Österreich zu behindern, den Pendlern zwischen den beiden Ländern das Leben schwer zu machen. Aber es verkauft sich halt gut. Seht her, ihr dummes Volk, wie tüchtig und schlagkräftig wir deutschen Politiker sind – so lautet die Parole. Der ungarische Ministerpräsident hat Recht, wenn er deutlich wird und sagt:

„Die Flüchtlingskrise ist ein deutsches Problem."
Ja, so ist es! Zu gern wäre ich dabei gewesen, als Seehofer der „Chefin" die Pistole auf die Brust setzte, und sie zu dem Schritt Grenzkontrolle zwang, um etwas Ordnung in das Chaos zu bringen. Doch dies alles dient lediglich dazu, den Bürger weiter zu verarschen. Denn was nutzt diese Maßnahme, wenn die ungebetenen Gäste trotzdem weiter ins Land eindringen dürfen? Jetzt halt mit Genehmigung der ReGIERung. GEGEN BESTEHENDES DEUTSCHES RECHT UND GESETZ. Macht ja nichts. Hauptsache, der einheimische Bürger kann wegen jeder Kleinigkeit drangsaliert und bestraft werden.

Die Frage nach der Bezahlbarkeit dieses Wahns stellt sich der Alten und ihren Handlangern in Berlin nur am Rande. Jetzt sind die Schmarotzer nun mal im Lande, also hat der Steuermichel ohne Murren ganz einfach zu blechen. Es ist ja so schön, nicht eingeladene „Bereicherer" mit Geld und Sachleistungen zu pampern. Wir sollten uns allerdings dafür entschuldigen, dass wir für die Massen der rechtswidrig in unser Land eingefallenen Menschen keine zumindest Vier-Sterne-Hotels als Unterkünfte vorgehalten haben, sondern sie empörender Weise in Turnhallen unterbringen, wo es, wie jedermann weiß nach Fuß-schweiß stinkt. Und das, was an Essen für die Mehrzahl der einheimischen Bevölkerung gut genug ist, das ist es keineswegs für die hohen Herrschaften Flüchtlinge. Dort, wo sie herkom-men, wo ihr Zuhause ist, das sie schmählich im Stich lassen, sitzen sie am Boden und essen mit den Fingern. In Deutschland hingegen stellen sie nur Ansprüche und Forderungen. Es ist zum Kotzen.

Ich frage mich, ob Merkel inzwischen geistes-krank geworden ist. Ihrem Amt jedenfalls ist sie nicht gewachsen. Ist sie allerdings zu keiner Zeit in den vergangenen zehn Jahren gewesen. Des-halb ist sie immer schön unverbindlich in ihren Äußerungen geblieben. Wie nur ist es möglich gewesen, still, heimlich und leise diese Trulla an der Spitze des Staates zu installieren. Das geht doch keinesfalls mit rechten Dingen zu. Und jetzt hat sie die Büchse der Pandora geöffnet. Mit der Einladung speziell an die islamisch geprägte Weltbevölkerung wird sich Deutschland zuneh-mend in einen trostlosen Ort verwandeln; dieses von unserer kriminellen ReGIERung willentlich herbeigeführte Unheil wird sich auch nicht wie-der gutmachen lassen. Eine ReGIERung der

Misswirtschaft wie die derzeitige muss schleunigst weg. Eine ReGIERung, deren Mitglieder rücksichtslos wie ein Panzer über die Bedürfnisse und Wünsche des Volkes hinweggeht, muss gestoppt werden. Die nur noch ein Ziel hat, nämlich die Bevölkerung zu unterjochen, und sie im Verein mit dem Großkapital auszuplündern. Und dem deutschen Teil der Bevölkerung seine in Jahrhunderten geschaffene Kultur zu rauben. Ihr eine vor Jahrhunderten stecken gebliebene fremde Unkultur überzustülpen und sie damit geistig zu ersticken. Die Kaltblütigkeit, mit der Merkel & Co. zudem vorgehen, ist bemerkenswert. In diesem gnadenlosen Spiel ReGIERung gegen die Bürger gibt es noch einen Beteiligten, den wir uns näher ansehen sollten. Nein, ich meine nicht den Schäuble, Merkels teuflischen Vollstrecker. Der Mann ist doch inzwischen ein politischer Zombie, dem alles wurscht und egal ist. Er hat sein Leben gelebt. Wenn er heute wegen Hochverrats mit dem Tod bestraft werden würde, könnte ihm das durchaus egal sein.

Ich spreche vielmehr vom vermeintlichen Erzengel, für den er sich anscheinend selbst hält. Dem Gabriel, der es nach langem Anlauf geschafft hat, sich eine Spitzenposition im Berliner Politzirkus zu erschleichen. Dieser Mensch hat nicht das Geringste mit dem edelmütigen, wahrheitsliebenden und hochanständigen Erzengel gleichen Namens zu tun. Und dieser Mensch Gabriel wirft Teilen des Volkes vor, Pack zu sein, stellt sie in die Nähe der Nationalsozialisten des Dritten Reichs. Dabei ist er als Führungskraft des Polit-Sozialisten-Betriebs der BRD der Inbegriff faschistisch handelnder Mitglieder. Interessant in diesem Zusammenhang ist die Tatsache, dass der Erzengel Gabriel in der Literatur eine zentrale Rolle als Übermittler der Offenbarung an den Propheten Mohammed spielt.

Und das ist in Verbindung mit der Flüchtlingsinvasion in die BRD das Stichwort zum Thema Religion, das mich stark umtreibt. Was kommt da zukünftig auf uns zu, wenn die überwiegende Mehrheit der Flüchtlinge Moslems sind? Wir sehen doch bereits jetzt Zustände in der BRD, die Recht und Gesetz Hohn sprechen. Parallelgesellschaften sind entstanden, die sich autonom verhalten. Die über unsere Polizei und Justiz verächtlich lachen. Die nach der grausamen Scharia handeln. Glaubt die Merkel denn ernsthaft, dass dieses Problem im Griff zu behalten ist, wenn sich der Bevölkerungsanteil dieser Menschen maßlos erhöht. Mir jedenfalls wird schon bei dem Gedanken daran angst und bange.

In der Vergangenheit hatte ich Kontakte zu Marokkanern. Der marokkanische König ist bis jetzt noch in der Lage, den Druck im Kessel seiner Bevölkerung zu regulieren. Meine marokkanische Bekannte sagte damals sinngemäß, dass der überwiegend junge Bevölkerungsanteil wie eine Meute Hunde sei, für die man jederzeit den Stock bereithalten müsse. Was ist, wenn sein Königtum überraschend fällt? Dann Freunde, werden wir unangenehm überrascht, denn auch verdammt viele aus der jungen, aggressiven Bevölkerung verspürt große Lust auf die europäischen Wohltaten. Und machen wir uns nichts vor, die meisten wollen gut leben, finanzieren sollen das gute Leben jedoch die anderen. Und wer sind die anderen? Dreimal darf geraten werden. Natürlich der deutsche Idiot, dem massive Steuern gleich vom Arbeitslohn einbehalten werden, er demnach über das von ihm erarbeitete Einkommen erst gar nicht verfügen darf. Was sind wir doch unbeschreiblich verblödet.

Das Kardinalproblem ist doch, dass mit der Überflutung durch kultur- und mentalitätsfremde Menschen unsere eigene Kultur den Bach hinunter geht. Das lässt sich schon an der deutschen Sprache feststellen, wie sie sich entwickelt. Primitives Gestammel nenne ich das, was ich mir jeden Tag anhören muss. Und die wenigsten Menschen aus total gegensätzlichen, rückständigen Kulturkreisen haben Interesse daran, unsere Kultur verstehen und leben zu wollen. Allein die Tatsache, dass diese zum großen Teil sozial niedrig gestellten Menschen deutsche Frauen als Beute betrachten, die sie jederzeit reißen können, ist beängstigend. Ich kann nur den Kopf schütteln über so viel Unverstand, Dummheit und Rücksichtslosigkeit, wie sie die Merkel pflegt. Aber eigentlich ist es kein Wunder, lebt diese Frau doch in einer Parallelwelt, abgeschirmt von der Realität des täglichen Lebens.

Der in diesen Tagen an die Oberfläche gekommene Saustall bei Volkswagen (und womöglich haben alle Konzerne Leichen dieser Größenordnung im Keller) ist die klassische Fortsetzung in der Wirtschaft des von Merkel gepflegten Politikstils. Die BRD ist inzwischen verfault bis in die Knochen. Danke, Frau Merkel! Und wie sie blubbernd Transparenz und Toleranz einfordert – ich bin verblüfft. Hat sie etwa zufällig im Wörterbuch geblättert, und ist auf diese merkwürdige Wörter gestoßen, so dass sie bei erster Gelegenheit damit hausieren geht? Dummerweise hat sie dabei jedoch übersehen, dass sie mit dem Putzen und Aufräumen des vollgekoteten Politstalls anfangen müsste. Weshalb es ihr nicht zusteht, frech mit dem Finger auf die anderen zu zeigen. Merkel, halt doch endlich dein verleumderisches und heuchlerisches Maul. Wieviel Schaden willst du denn noch anrichten? Verschwinde einfach. Solange du noch kannst.

Ja, das Anrichten von Schaden außerhalb von Wirtschaft und Industrie durch diese Person ist durchaus noch steigerungsfähig. Denn hier kommt meine nächste Frage. Merkel, wem willst du denn nun eigentlich dienen? Dem Gott der Juden, dann musst du seine Anhänger schützen. Oder dem Gott der Moslems, dann musst du dich schützend über seine Anhänger werfen. Beiden kannst du nicht dienen, denn sie stehen sich unversöhnlich gegenüber, und du wirst letztlich zwischen diese beiden Mühlsteine geraten und zerrieben werden (was uns letztlich von dir befreien würde). Dieses Szenario ist regelmäßig das Los eines Verräters, wodurch ihm göttliche Gerechtigkeit widerfährt. Merkel, du bist ein unglaublich verlogener, schmutziger und hetzerischer Geist. Hast du nicht im Jahre 2008 in der Rede vor der Knesset geplärrt:

„ …ist Teil der Staatsräson meines Landes…". Hierbei ging es um die Sicherheit Israels und der Juden. Sieben Jahre später verrätst du nun diejenigen, die du seinerzeit in die Falle gelockt hast, weil du aktuell der anderen Seite vormachst: Kommet alle, ihr islamverblendeten Kopfabschneider und die Frauen verachtenden und sie unterdrückenden Aggressoren in den Himmel der Deutschen, das euch verwöhnen wird und in dem euch die einheimischen deutschen Idioten auf ihre Kosten Häuser bauen. Deine Ansage an die Weltbevölkerung, oh Mama Merkel, der Islam gehöre zu Deutschland, ist das überdeutliche Angebot an die Invasoren, dieses Land ohne Kampf zu übernehmen.

Selbst hat Merkel keine Kinder; es ist ihr von daher völlig egal, was nach ihr aus Deutschland wird. Sie ist derzeit sechzig Jahre alt, hat wahrscheinlich noch etwa zwanzig Jahre zu leben, es sei denn, ihr wird von ihren ersehnten Flüchtlings-„Kindern" nicht vorher der Hals durchgeschnitten oder sie wird von diesen mal eben gesteinigt. Sollte dieser Fall nicht eintreten, könnte sie demnach zusehen, wie ihre teuflische Saat aufgeht. Die beispiellose Ungeheuerlichkeit, die Merkel verursacht und den Bürgern in der BRD aufgebürdet hat, wird mit großer Wahrscheinlichkeit zum Bürgerkrieg in Deutschland führen. Vielleicht müssen eines Tages wir Israel um Hilfe und Unterstützung bitten, damit die muslimischen Aggressoren, von uns und unserer in Jahrhunderten gewachsenen Kultur ihre schmutzigen, begehrlichen Finger lassen.

Fazit: Israel, hüte dich vor der falschen Schlange Merkel!

Merkel ist die Schande Deutschlands, denn sie dient sich wie eine Polithure jedem an, von dem sie sich Vorteile im Hinblick auf ihren eigenen Machterhalt verspricht. Doch sage ich voraus, dass ihr ihre neuen Lieblinge ohne weiteres Nachdenken das Messer in den Rücken stoßen werden, sobald sie den sich immer weitergehenden und maßlos werdenden Forderungen der unsere Gesetze und unsere Kultur missachtenden „Bereicherer" nicht mehr folgt oder folgen kann. Der Islam ist ohne Zweifel die aggressivste und menschenverachtendste Ideologie auf diesem Erdball. Wer das abstreitet oder nicht sehen will, wird die bitteren Folgen seiner Ignoranz tragen müssen. Träfe dies nur die Merkel, wäre mir das scheißegal. Aber wir alle sind davon betroffen. Im Gegenteil, dieser Mensch Merkel, soll zwingend an sich selbst erfahren, was es heißt, mit dem Tod Geschäfte machen zu wollen – und zu gewinnen. Sie versucht, ein ganzes Volk mit in den Abgrund zu ziehen. Doch dagegen wehre ich mich. Und es werden immer mehr, die diesen furchtbaren Weg nicht mitgehen wollen und werden. Stoßen wir deshalb Merkel & Co. aus unserer Gemeinschaft aus, solange noch Zeit ist, bevor die Katastrophe nicht mehr abwendbar ist.

Merkel, du Verräterin, merk dir eins:
MICH VERTREIBST DU NICHT!
ICH BLEIBE HIER!
DIE ANDEREN, DIE NICHT HIERHER GEHÖREN, DIE GEHEN WIEDER!
SO WIE DU!

Ich schließe nun meine Streitschrift endgültig, denn sonst findet sich hier kein Ende. Das letzte Wort hat meine vierunddreißigjährige Tochter, die heute, am 10. Oktober des Jahres 2015 zu mir sagte:

„Wenn ein Volk meint, es muss sich ausrotten, dann soll es das tun.

Aber ohne mich.

Die Deutschen haben einen fatalen Selbstzerstörungsdrang."